DARTS

Konzentration + Präzision im Pfeilwurfspiel

von

Marcus Rosenstein

mit

52 Fotografien von

M. Vogel und **R. Franz**

sowie

15 Zeichnungen

13. neu überarbeitete Auflage

2014

VERLAG WEINMANN — BERLIN

Bibliografische Information Der Deutschen Nationalbibliothek
Die Deutsche Nationalbibliothek verzeichnet diese Publikation in der Deutschen Nationalbibliografie; detaillierte bibliografische Daten sind im Internet über http://dnb.ddb.de abrufbar.

Repro: Gepro

Druck: Druckerei Conrad GmbH

Inhaltsverzeichnis

VORWORT

Angeregt durch die Bitten einiger Vereinskameraden, ihnen Literatur zum Thema DARTS zu beschaffen, begab ich mich in die größte Buchhandlung meiner Heimatstadt, um mit der traurigen Erkenntnis zurückzukehren, dass es nicht ein einziges Buch zu diesem Thema in deutscher Sprache gab. Also machte ich mich ans Werk, beschaffte mir sämtliche englischsprachige Literatur über das Spiel und nahm Kontakt mit der British Dart Organisation auf, deren langjähriger Präsident Sir Olly Croft sowie deren Generalsekretär Dave Aldermann mir in den folgenden Monaten mit Rat und Tat zur Seite standen. Ein gutes halbes Jahr später war das erste deutsche Dartbuch auf dem Markt. Wir schrieben das Jahr 1984.

Heute, ein gutes viertel Jahrhundert später ist „Darts – Konzentration und Präzision im Pfeilwurfspiel“ zwar nicht mehr das einzige, dafür aber das älteste und gut verkaufte Dartbuch auf dem deutschen Buchmarkt und ich gebe zu, dass es mich durchaus mit einem gewissen Stolz erfüllt, dass mein erstes Werk bereits vor einigen Jahren in seine 12. Auflage gehen durfte.

Vieles hat sich seit den Achtzigern geändert. Der hierzulande damals noch oft als Kneipenspiel belächelte Dartsport ist seinen Kinderschuhen längst entwachsen. Die meisten der einst bekannten Namen aus der Pionierzeit sind in Vergessenheit geraten. Neue Gesichter prägen die Szene und aus der „Wald- und Wiesen-Organisation“ der ersten Tage hat sich der Deutsche Dart Verband als starkes Fundament unserer Sportart einen klangvollen Namen gemacht.

Trotz aller Veränderungen und Neuerungen ist uns aber auch viel Altbewährtes erhalten geblieben. So blieben die wichtigsten Regeln des Dartsports nahezu unangetastet und auch Dart und Board erfuhren in den letzten Jahrzehnten nur unwesentliche Änderungen und Materialverbesserungen. Vor allem aber ist uns eins geblieben – die Idee und der Geist einer Sportart, die damals wie heute eine ganz besondere Faszination ausstrahlt, wenn ein Spieler eine „180“ wirft oder der letzte Dart den Weg in das gewünschte Doppel findet.

In diesem Sinne wünsche ich allen Lesern meines Buches allzeit „GOOD DARTS“.

Marcus Rosenstein

Abb. 1

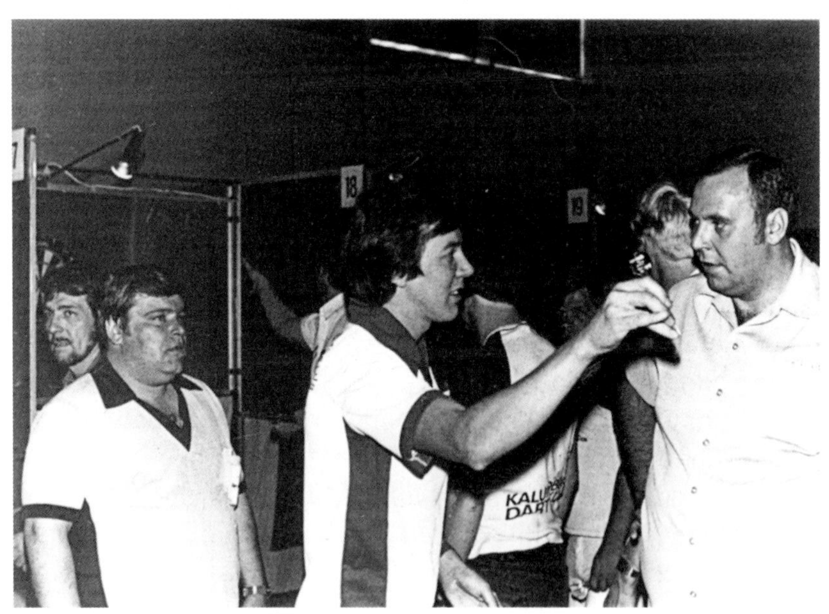

Abb. 2

I. Geschichte und Entwicklung des Dartsports

Graue Vorzeit

Sehr unterschiedlich sind die Meinungen über Herkunft und Entstehungsjahr des Dartspiels. Fest steht lediglich, dass England als Mutterland dieses Sports gilt und dass er erst seit Beginn des 20. Jahrhunderts auch wettbewerbsmäßig ausgetragen wird.

Neuerlich aufgestellte Behauptungen, die ersten Darts seien in Frankreich geworfen worden, halte ich zwar für interessant, aber mangels Beweisen für recht unwahrscheinlich. Diese Theorie entstand hauptsächlich durch den bereits im mittelalterlichen Frankreich verwendeten Begriff „darte“. Es wird jedoch in mehreren etymologischen Wörterbüchern deutlich, dass es sich hierbei nicht um Sportgeräte, sondern um kleine speerähnliche Waffen handelte. Die „darte“, welche Heinrich dem VIII. um das Jahr 1530 von Anne Boleyn, der zweiten seiner insgesamt sechs Frauen, geschenkt wurden, stammen aus dem Biscaya-Raum und hatten ebenfalls nichts mit den heute verwendeten Sportgeräten zu tun.

Keith Turner, Autor des Buches „Darts – the complete book of the game“, widmet der Entstehung des Dartsports eine lange und ausführliche Abhandlung, in welcher er bis auf die Zeit um 400.000 vor Christi Geburt zurückgreift, aus der die ersten Wurfspeere stammen. Von da an dauerte es ca. 370.000 Jahre, bis erstmals Pfeil und Bogen zu Jagd- und Kriegszwecken eingesetzt wurden. Zur Stabilisierung der Flugbahn verwendete man schon damals Vogelfedern, die auch heute noch beim traditionellen Bogenschießen zum Einsatz kommen.

Auf das fünfte vorchristliche Jahrhundert datiert Turner die Entstehung des Wurfpfeils, der zu diesem Zeitpunkt jedoch ausschließlich im blutigen Kampfgeschehen Verwendung fand.

Der Grundstein zur Entwicklung des Darts wurde demnach in grauer Vorzeit gelegt. In Bezug auf die sportliche Seite darf angenommen werden, dass das Dartspiel ohne das Bogenschießen nie entstanden wäre, ist doch auch das Prinzip der, in unterschiedlich zu bewertende Felder eingeteilten, Zielscheibe dieser traditionsreichen Sportart entlehnt.

Der Dartsport, so wie wir ihn heute kennen, entstand aller Wahrscheinlichkeit nach zwischen 1860 und 1898. Im letztgenannten Jahr ließ nämlich der Amerikaner Nathern P. McKenny die ersten für Darts entwickelten Papierflights patentieren.

Demzufolge lässt sich vermuten, dass das Spiel bereits einige Jahre vorher praktiziert wurde.

Aus früherer Zeit gibt es bisher keine gesicherten Quellen, die die Existenz des Dartsports nach heutiger Vorstellung belegen. Die weit verbreitete Auffassung, die Pilgrim Fathers hätten bereits 1620 auf der Mayflower Darts gespielt, erscheint mehr als unwahrscheinlich, da es erstens keinerlei überzeugende Belege hierfür gibt und zweitens die puritanische Einstellung der Einwanderer Spiele jeglicher Art als unmoralisch verpönte.

Von 1898 an bedurfte es allerdings noch einiger Jahrzehnte, bis das uns bekannte Londonboard eingeführt wurde. Auch Regelfragen, sowie die eindeutige Festlegung der Höhe der Boards und des einheitlichen Wurfabstands waren Streitpunkte, die erst viel später, nach Gründung der Verbände, geklärt werden konnten.

Nachdem der Leser nun eine Vorstellung von dem ungefähren Alter des Dartsports hat, stellt sich die Frage, wie es eigentlich zu der Einführung dieses Spiels in die Public Houses kam. Eine häufig geäusserte Theorie, ein vom Regen durchnässter Bogenschütze hätte seine Pfeile zu Zwecken des Zeitvertreibs auf Miniaturformat zurechtgeschnitten, um sie während der regnerischen Wintermonate auf den Boden eines umgekippten Bierfasses zu werfen, hält Turner aus technischen Gründen für unmöglich. Die breite Spitze des verhältnismässig leichten Pfeils wäre unweigerlich abgeprallt und der in die Spitze verlagerte Schwerpunkt hätte ein normales Flugverhalten verhindert.

Nach Turners Auffassung sind die Entstehungsgründe für das Dartspiel eher sozialen Ursprungs. Er vertritt die Theorie, dass Arbeiter das von einer gesellschaftlich höher gestellten Gruppe praktizierte Bogenschießen imitierten und das Dartspiel somit als eine Art „Arme Leute-Sport“ ins Leben riefen.

Der eigentliche Beginn (1924-1973)

Die Popularität des Dartsports benötigte nach der Einführung des Spiels in die Public Houses zu Beginn des 20. Jahrhunderts eine Anlaufzeit von mehr als zwanzig Jahren. 1924 darf mit Recht als das Jahr der Wende vom freundschaftlichen Kneipenspiel zum preisgelddotierten Massensport bezeichnet werden, denn in diesem Jahr entstand mit der National Darts Association (NDA) der erste dachverbandähnliche Zusammenschluss in Großbritannien.

Abb. 3 Wettkampfatmosphäre

In Zusammenarbeit mit der Zeitung „News of the World" ist es der NDA auch zu verdanken, dass 1927 mit der Austragung des „News of the World-Turniers" erstmals ein Dartereignis von denkwürdigem Ausmaß veranstaltet wurde. Die von diesem Zeitpunkt an immer größer werdende Beliebtheit des Spiels spiegelt sich auch in der Zahl der annähernd 15.000 Zuschauer wieder, welche 1939 das Finale dieses jährlich stattfindenden Ereignisses aus nächster Nähe miterlebten.

Der Zweite Weltkrieg unterbrach die Aktivitäten auf dem Dartsektor für einige Jahre, konnte jedoch nicht verhindern, dass sich der triumphale Siegeszug des Spiels nach den Kriegswirren umso vehementer fortsetzte.

Nahezu 300.000 Aktive nahmen 1947 an regionalen Ausscheidungskämpfen zum Einzug in die Finalrunden des „News of the World-Turniers" teil.

1973 fiel dann die nächste zukunftsweisende Entscheidung. Die „British Darts Organisation“ (BDO) wurde aus der Taufe gehoben und entwickelte sich schnell zum Dachverband des britischen Dartgeschehens. Sie sorgte für die Einführung neuer attraktiver Wettbewerbe, wie dem „British Open“ und gilt zudem als Legislative in Bezug auf Regelstreitigkeiten jeglicher Art. Die von der BDO erstellten Spielregeln gelten als weltweit anerkannt und wurden von vielen Ländern auszugsweise übernommen.

Der Weg ins 21. Jahrhundert

Seit 1978 fand unter der Leitung der BDO eine offizielle Weltmeisterschaft statt, die unter der Bezeichnung „Embassy World Professional Championships" bekannt wurde. Inzwischen trägt dieser Wettbewerb die Bezeichnung „The Lakeside World Professional Darts Championship". 2001 führte die BDO auch einen Wettbewerb für Frauen ein.

Ein Streit um die Übertragungsrechte zwischen SKY Sports und der BBC führte 1992 zur Gründung der „Professional Darts Corporation" (PDC). Zahlreiche Spitzenspieler der Dartszene wechselten zu dem neuen Verband, der seit 1994 jeweils um die Jahreswende seine eigene Weltmeisterschaft veranstaltet. Austragungsort ist der unter dem Spitznamen „Ally Pally" bekannte Alexandra Palace im Norden Londons. Inzwischen besitzt die PDC-Weltmeisterschaft – vor allem wegen ihrer „Zugpferde" Phil Taylor, Raymond van Barneveld & Co. – einen deutlich höheren Stellenwert als ihr BDO-Pendant. Eine Entwicklung, die vor wenigen Jahren noch völlig unvorstellbar war.

Die Frage, ob Darts nur ein Spiel oder eine ernstzunehmende Sportart sei, erhitzt die Gemüter. Der Deutsche Dartverband (DDV) bemüht sich seit Jahren in den Deutschen Sportbund aufgenommen zu werden. Vor ähnlichen Problemen stehen auch die Briten in ihrem Heimatland.

Auf Initiative des Ex-DDV-Präsidenten Günter Unger wurde am Bundesinstitut für Sportwissenschaften in Köln ein Gutachten erstellt, das alle Zweifel ausräumt:

DARTS IST SPORT.

Immerhin hat diese späte Erkenntnis dazu geführt, dass Darts inzwischen von mehreren Landessportbünden anerkannt wird.

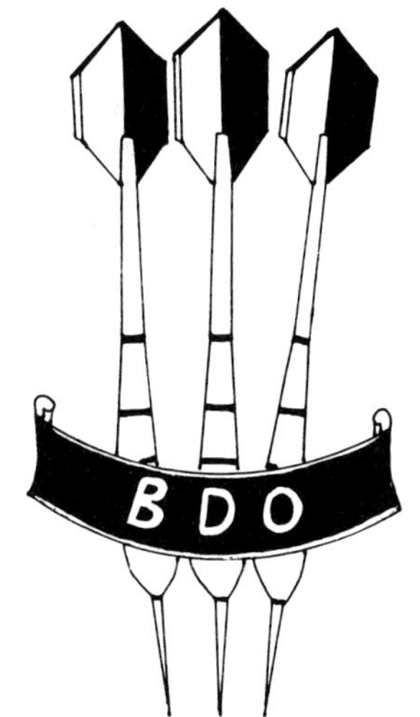

Abb. 4 Emblem der BDO

Abb. 5 Trophäen beim Denmark Open

Abb. 6 Konzentration beim Wurf

II. Terminologie des Dartsports

Wer von uns hat sich noch nie über die Vielzahl von Fachbegriffen gewundert, die eine Sportart häufig nach außen hin undurchschaubarer erscheinen lässt, als sie wirklich ist?

Wer hat noch nicht über den „Dreifachen Rittberger" oder den „Doppellutz" beim Eiskunstlauf, den „O-Goshi" beim Judo oder den „Crosscheck" beim Eishockey gestaunt und sich gefragt, ob dies alles dem Laien nicht zugänglicher gemacht werden könnte?

Dennoch bedarf es keiner Frage nach der Notwendigkeit von Fachbegriffen im Sport. Ohne diese wären die einzelnen Disziplinen nicht mehr einheitlich zu beschreiben oder zu erklären.

Die Sportarten übernehmen meist eine Fachterminologie aus dem Sprachraum, in dem sie entweder entstanden sind oder in dem sie am intensivsten praktiziert werden. So bedienen sich Kampfsportarten (wie etwa Judo und Karate) verständlicher Weise des Japanischen, Fechten des Französischen (bzw. Italienischen) und American Football des Englischen. Letzteres ist auch die Sprache des Dartsports. Die Gründe liegen auf der Hand: Die ersten Darts flogen in England und sowohl Masse als Klasse der internationalen Dartszene kommen mit überwältigender Mehrheit aus dem Vereinigten Königreich.

Hört man gelegentlich Spieler von „Scheibe", „Pfeilen", oder „Dreifachring" sprechen, so ist es bei Insidern doch üblich, die englischen Begriffe „Board", „Darts" und „Treble" zu verwenden. Ebenso selbstverständlich hat sich der Doppelring als „Double" im Sprachgebrauch deutscher Dartspieler eingebürgert. Auch habe ich bisher noch nie gehört, dass jemand „Bull`s Eye" mit „Bullauge" oder gar „Ochsenauge", wie es die Wörterbücher wiedergeben, übersetzt hätte.

Dies würde einem eingefleischten Anhänger des Dartspiels mit Recht einen kalten Schauer über den Rücken jagen. Gleichsam schaurig klingt es, das jedem Dartspieler wie von selbst von den Lippen gehende, Wort „flight" mit unklaren Begriffen wie „Fähnchen" oder abenteuerlich klingenden Buchstabenmonstern wie etwa „Flugstabilisator" wiederzugeben. Einleuchtender ist da schon die schlichte Wiedergabe von „Shaft" als „Schaft". Keine Mühe geben sich deutsche Darter zumeist auch, wenn es um die Übersetzung der Legierung geht, aus denen ihr Dart hergestellt ist. Hier sollte man sich jedoch mit den angelsächsischen Begriffen für einige der wichtigsten Metalle vertraut machen, besonders dann, wenn man seine Darts aus Großbritannien kommen lässt oder sie dort kauft.

Verwendet wird bei der Herstellung von Darts:

brass	**Messing**
nickel	**Nickel**
copper	**Kupfer**
silver	**Silber**
steel	**Stahl**
tungsten	**Wolfram**
carbon	**Karbon**
titanium	**Titan**

Auf Einzelheiten und Nutzen dieser Metalle im Zusammenhang mit dem Dartkauf komme ich in einem späteren Kapitel noch zurück. Im Folgenden führe ich die Liste englischer Begriffe auf, die früher oder später jedem Dartspieler begegnen. Hierbei beschränke ich mich jedoch nur auf die wichtigsten und verzichte zum Beispiel auf nur regional verwendete Namen von Dartspielern, die auf Grund irgendwelcher kurioser Zusammenhänge heute für einen bestimmten Wurf stehen (z.B. Ed Lacy für Treble 17 oder Bill Harvey für 100 etc.). Demjenigen, der sich mit den weniger gebräuchlichen Begriffen vertraut machen will, empfehle ich das „darts glossary" in Keith Turners Buch (siehe Bemerkungen zur Fachliteratur).

Fachworterläuterungen

Away	(weg) wenn ein Double in einem Spiel getroffen wurde, das mit einem Double begonnen werden musste (weil der Spieler erst hiernach punkten kann).
Barrel	(Rumpf) Griff- und Rumpfteil des Dart, an dessen vorderem Ende sich die Spitze befindet.
Bed	(Bett) zusammenhängendes Segment auf dem Board. Alle „double", „treble", „kleine" und „große" Singles, äußerer und innerer Bull.
Bed and Breakfast	(Bett und Frühstück) aus einer 20, einer 5 und einer 1 zusammengesetzter Wurf von 26 Punkten.
Big	(groß) wie z.B. in „big 7". Gemeint ist das äußere, also zwischen dem Double und Treble gelegene Segment eines Single.
Board	(Scheibe) die Zielscheibe beim Dartspiel; Abb. 7
Bouncer	(Abpraller) vom Drahtgeflecht des Boards abprallender Dart, der nicht noch einmal geworfen werden darf.
Bull	(Bulle) Begriff für die beiden im Zentrum des London Boards gelegenen Ringe, von denen der äußere 25 und der innere 50 Punkte zählt.
Bull's Eye	(Bullauge) in der Mitte des Boards gelegener Ring (50 Punkte).
Bull out	(„ausbullen") das Beenden eines Spiels bei einem Rest von 50 Punkten durch einen Treffer in das Bull`s Eye.
Bust	(„kaputtgehen") Wurf, dessen Punkzahl über dem Wert des erforderlichen Schlußdoppels liegt oder ohne einen Double zu treffen genau die erforderliche Punktzahl erbringt oder den Spieler auf 1 Punkt Rest lässt. In diesen Fällen zählt der gesamte Wurf nicht und dem Spieler verbleibt die Restpunktzahl, die nach seinem letzten gültigen Wurf Bestand hatte.

Abb. 7

Caller	(Ausrufer) Schiedsrichter, der die geworfene Punktzahl verkündet.
Chalker	(Schreiber) Schiedsrichter, der die geworfenen Punktzahlen aufschreibt.
Checker	(Prüfer) Schiedsrichter, der die Richtigkeit der vom Caller verkündeten Punktzahl bestätigt.
Diddle in the Middle	Ausruf; den Beginner eines Spiels durch den Wurf auf den Bull zu ermitteln.
Double	(Doppel) der äußere, die darüber stehende Zahl doppelt bewertende, Ring des Dartboards.
Double Tops	(oben liegendes Doppel) das Segment der „Double 20“.
Finish	(Ende/beenden) meist in der Bedeutung: ein Spiel beenden.

Flight	(Flug) am hinteren Ende des Darts befindliche Komponente, welche der Stabilisierung des Fluges dient.
Good arrows/darts	(gute Pfeile) Gratulation zu einem gelungenen Wurf.
Hockey	Abwurfmarkierung, die laut offiziellem Turnierreglement von einem Spieler erst nach dem Wurf des letzten Darts übertreten werden darf. Abstand zum Board 2,37 m.
Inner Bull	(innerer Bull) → Bull`s Eye
Leg	(Bein) hier: einer von mehreren Spielsätzen eines Matchs.
Little	(klein) wie z.B. in „little 7“. Gemeint ist das innere, also zwischen dem Treble und dem äußeren Bull gelegene Segment eines Singles.
Mugs away	(Bierkrüge wegstellen!) Freundliche Aufforderung an die Spieler mit dem nächsten Satz zu beginnen.
No practising	(keine Übungswürfe) Aufforderung Trainingswürfe einzustellen und mit dem Spiel zu beginnen.
No score	(keine Punkte) Ausruf des → Callers, dass die geworfene Punktzahl nicht gewertet wird. Meist bei → Bust oder Übertreten.
Oche	→ hockey
Off	→ away
Point	(Spitze) Spitze des Darts
Scorer	→ chalker
Shaft	(Schaft) Mittelteil des Darts, dessen vorderes Ende durch ein Schraubgewinde mit dem Dartbarrel verbunden ist. Auf das hintere Ende wird der → Flight aufgesteckt.
Spider	(Spinne) Drahtgestell, welches die Zahlen und die Segmente des Dartboards markiert.
Stem	→ shaft

Three in the bed	(drei in einem Bett) Wurf, bei dem alle drei Darts in einem → Bed landen.
Ton	(Tonne) 100 Punkte mit drei Darts erzielt.
Treble	(dreifach) der zwischen dem großen und dem kleinen Singlesegment liegende, die darüber stehende Zahl dreifach wertende Ring des Dartboards.
Upstairs	(oben) obere Hälfte des Dartboards.
Wire	(Draht) aus Metall bestehender Zahlenring, sowie Begrenzung der einzelnen Segmente auf dem Board.

III. Die Darts und ihre Komponenten

Allgemeines

Wichtigste Utensilien unseres Sports sind selbstverständlich die Darts. Bei ihrem Kauf sollte man im Allgemeinen auf zwei Dinge achten: Gewicht und Material.

Nie jedoch darf der Preis als Kaufmaßstab dienen. Die preiswerten Darts bestehen aus Messing (engl. Brass) und sind bereits ab 15 € erhältlich, wohin gegen teure Exemplare aus einer Wolfram- (engl. tungsten) Legierung selten unter 20 € manchmal aber auch über 100 € kosten. Dennoch muss eindringlich davor gewarnt werden, den Kaufpreis als etwaigen Garant für Siege zu bewerten. Joe Hitchcock, lebende Dartlegende der 40er und 50er Jahre, spielte mit 10 cm langen Nägeln (!) und Stricknadeln (!) besser als es heute viele mit auf Milligramm ausgewogenen Tungstens vermögen. Hitchcock kann somit auch als geistiger Vater der „World Association of Nail Throwers" (WANT) bezeichnet werden. Die WANT ist somit der Dachverband der Nägelwerfer, bei deren Weltmeisterschaft im Jahre 1980 Arthur Danahar den Titel errang. Dabei beendete er einen Satz (501) mit nur 19 Nägeln.

Wie bereits angedeutet, spielt das Gewicht der Darts eine große Rolle. Aus einer Palette von vielen hundert Modellen mit Gewichten zwischen 12 und 50 Gramm (schwerere erlaubt die BDO bei offiziellen Wettkämpfen nicht) die richtigen herauszufinden, erfordert Zeit und geduldige Verkäufer, denn nie sollte man sich Darts kaufen, ohne diese vorher eingehend getestet zu haben.

Beim Kauf sollte man sich auch immer vor Augen halten, dass nicht der schönste Dart auch der beste sein muss, trifft doch manch guter Spieler mit 36 Gramm „Bombern" besser als ein anderer, der auf schlanke Tungstens schwört.

Bedingt durch die verschiedenen spezifischen Gewichte der Metalle erklärt sich auch der auffallende Unterschied zwischen Darts aus Messing- und aus Wolfram-Legierungen. Messing ist aufgrund seines spezifischen Gewichtes bei weitem leichter als das harte und spröde Wolfram, welches bei einer Dichte von 19,27 g/cm³ eines der schwersten Metalle überhaupt ist.

So erklärt sich auch die Tatsache, dass 23 Gramm schwere Brass-Darts im Vergleich zu gleichschweren Tungstens geradezu monströs wirken.

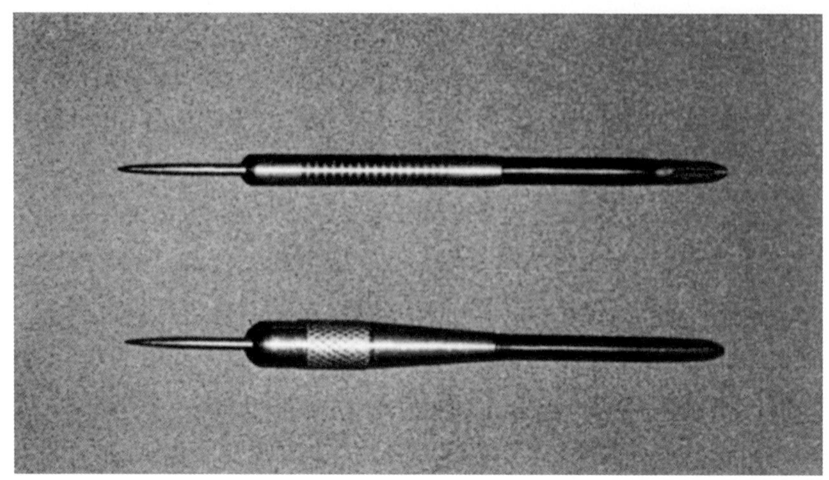

Abb. 8

Das häufig nachteilige Ergebnis solch klobiger Instrumente wird allerdings oft deutlich, wenn sich bereits zwei dieser Darts in einem Doppel- oder Dreifachring befinden und diesen so ausfüllen, dass der dritte keinen Platz mehr findet. Ansonsten stehen dem Kauf von Messing-Darts keinerlei Bedenken entgegen. Zur Information sei gesagt, dass der Rohstoffpreis von Wolfram ungefähr zehnmal höher ist als der von Messing.

Zur weiteren Beschaffenheit der Darts schreibt das Reglement der BDO vor, dass die Gesamtlänge eines Darts, gemessen von der Spitze bis zum Ende des Flights, 30,5 cm nicht überschreiten darf. Für Spieler, denen diese Regel ernsthafte Sorgen bereitet sei erwähnt, dass Speerwurf auch eine interessante Sportart sein soll.

Ebenso ist festgelegt, dass der Dart aus Flight, Schaft, Rumpf und Spitze bestehen muss. Eine Regel wonach die letzten beiden Komponenten so miteinander verbunden sein müssen, dass die Spitze unbeweglich im Rumpf verankert sein muss, wurde von der BDO aufgehoben. Somit ist der „Hammer-Dart“ (mit einer eingebauten Feder zwischen Spitze und Rumpf) ebenfalls zulässig. Auf diese Weise soll das häufige Abprallen vom Drahtgestell des Boards weitgehend verhindert werden. Der erste große Erfolg, der mit dieser Dartneuheit erzielt wurde, war Keith Dellers Finalsieg über Eric Bristow bei den „Embassy World Professional Championships“ im Januar 1983.

Eine Einteilung der heute verwendeten modernen Darts lässt sich, abgesehen von Gewicht und Material, auch noch anhand der Rumpfform durchführen.

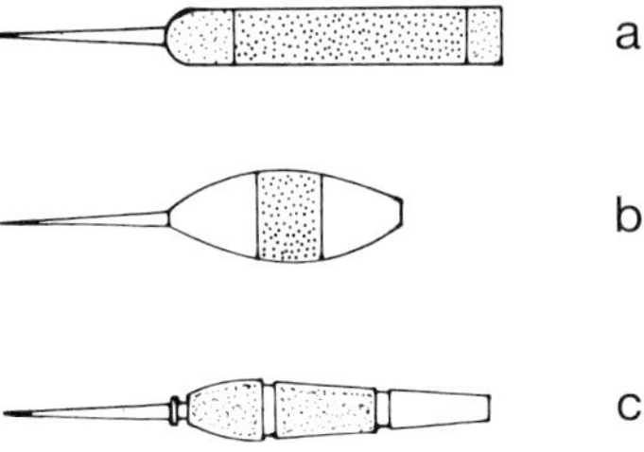

Abb.9

a. straight/zylindrisch, mit gleichmäßiger Gewichtverteilung.

b. barrel/tonnenförmig, mit auf das Zentrum verlagertem Hauptgewicht.

c. torpedo/konisch, mit auf den vorderen Teil verlagertem Hauptgewicht.

Gewöhnlich ist der Rumpf gerillt oder geriffelt, um dem Werfer einen sicheren und rutschfesten Griff zu gewährleisten. Reicht dies jedoch nicht aus, so empfiehlt es sich (ähnlich den Reckturnern) ein wenig Kreidestaub in den Händen zu verreiben, um auf diese Weise die Feuchtigkeit zu neutralisieren.

Die Schäfte

Sinn und Zweck des Schaftes ist es, den Flight im richtigen Abstand zum Rumpf zu halten, um auf diese Weise einen gleichmäßigen Flug zu unterstützen. Lange Zeit waren die Schäfte ein Hauptproblem der Dartindustrie, und ich wage zu bezweifeln, dass sie es heute nicht mehr sind. In den Anfängen unserer Sportart gab es Holzschäfte, die eine äußerst geringe Lebensdauer besaßen. Sobald sie von einem andern Dart getroffen wurden, barsten sie widerstandslos auseinander. Heutzutage besteht zwar noch die Gefahr, dass der Schaft an der Stelle, in die der Flight gesteckt wird, durch einen unglücklichen Treffer deformiert wird, doch bieten die meisten modernen Materialien mehr Widerstand.

Beliebte Materialien zur Herstellung von Schäften sind heute Aluminium und Stahl. Biegsames Glasfiber ermöglicht durch seine Elastizität ein ungehindertes Platzieren der Darts auf engstem Raum, und Titan lässt die Shafts nicht dicker als eine mittelstarke Nähnadel sein. Ebenso gibt es bereits superschlanke Produktionen aus stabilem Graphit. Keine der hier genannten Möglichkeiten ist jedoch frei von Mängeln, und Beschädigungen verschiedenster Art sind auch bei vorsichtiger Handhabung nicht auszuschließen.

Die Flights

Der in das doppelt geschlitzte Endstück des Schaftes eingeschobene Flight dient dazu, den Flug des Darts zu stabilisieren. In der Vielfalt seines Designs ist der Flight oft ein kleines Kunstwerk und mir sind mehrere Dartspieler bekannt, deren interessante Flight-Sammlungen sich sehen lassen können.

Vom Pin-Up Girl über Bierreklame und Nationalflaggen bis hin zu politischen Slogans gibt es nahezu alles. Verschiedene Firmen bieten Flights mit aufgedruckten Initialen oder sogar mit komplettem Namenszug an.

Rund 90% der in Deutschland verwendeten Flights bestehen entweder aus Papier, Plastik oder Polyester und haben eine der in Abbildung 10 dargestellten Formen.

Abb. 10 verschiedene Flights

Sie stehen im Gegensatz zu den traditionsreichen Federflights, die falls noch nicht durch die Ersatzprodukte der Chemie kopiert, auch heute noch aus Flügelfedern von Truthähnen hergestellt werden. Federflights werden fast ausschließlich in Kombination mit Brass-Darts verwendet. Sie sind teuer und anfällig für häufige und irreparable Beschädigungen. Zudem sind sie nicht falz- oder zerlegbar und müssen daher Platz einnehmend und sehr sorgfältig aufbewahrt und transportiert werden. Solche Probleme ergeben sich beim Kauf von anderen Flights nicht.

Vorteile, die dem Federflight nachgesagt werden, sind eine gerade und extrem präzise Flugbahn, sowie hohe Durchlässigkeit für weitere

Darts. Plastikflights werden häufig kritisiert, weil sie bei dem Versuch einer sehr dichten Platzierung oft nachfolgende Darts aufgrund der Unnachgiebigkeit ihres Materials ablenken oder sogar abprallen lassen. Auch Flights haben ähnlich wie Shafts keine unbegrenzte Lebensdauer. Aus persönlicher Erfahrung empfehle ich deshalb den Kauf von Flightschonern. Diese kleinen Hütchen aus Metall sind zu einem Preis von ungefähr 1€ erhältlich und werden einfach auf die Flights geschoben. Auf diese Weise werden die Flights (und mit Einschränkung auch die Schäfte) vor Beschädigungen geschützt.

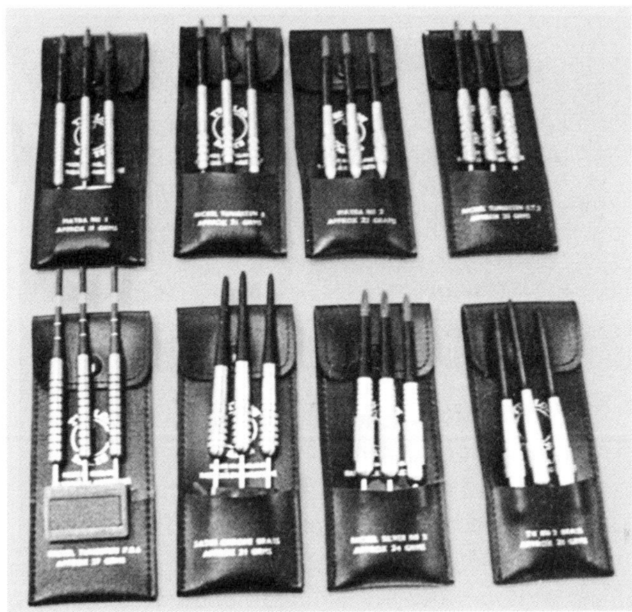

Abb. 11 Sortiment verschiedener Darts

Weiteres Zubehör

Im Besitz eines jeden Spielers sollte sich unbedingt ein „Sharpener", ein kleiner runder Schleifstein befinden. Dieser ermöglicht es, stumpf gewordene Spitzen wieder in Form zu bringen und dadurch das Board zu schonen, sowie das Herausfallen geworfener Darts weitgehend zu vermeiden.

Ein seit längerem auf dem Mark befindliches Produkt, manchem vielleicht unter dem Namen „Groovie" bekannt, lässt die Darts nahezu „bombenfest" im Board stecken. Mit einem sandpapierähnlichen Belag werden kleinste, vom Auge kaum wahrnehmbare, Rillen in die

Spitze gegraben. Auf diese Weise wird ein Widerhakeneffekt bewirkt. Ich selbst habe mich von der Wirksamkeit des „Groovie“ überzeugt, fürchte aber eine dadurch entstehende stärkere Abnutzung des Boards beim Herausziehen der manchmal schon zu fest steckenden Darts.

Wie bereits erwähnt, machen feuchte Hände dem Dartspieler gelegentlich größere Schwierigkeiten. Hiergegen gibt es das so genannte „Hand-Grip“, eine kleine aus Wachs bestehende Rolle, die dem Spieler einen rutschfesten Griff garantieren soll. Bei mir persönlich bewirkt dieses Patent jedoch lediglich schmierige Finger und ein damit verbundenes Unbehagen. Spieler die mit feuchten Händen Schwierigkeiten haben, sollten ein wenig Kreidestaub (bzw. Magnesia) in einem kleinen verschließbaren Behälter mitführen.

Abb. 12 Alan Glazier, ein Pionier unter den Dartprofis

IV. Das Dartbord

Vom Log End Board zum London Board

Zusammen mit den Darts gehört das Dartboard zur Grundausrüstung unserer Sportart, weshalb es im folgenden auch eine nähere Betrachtung verdient.

Vor ungefähr vierzig Jahren begann das heute international anerkannte Turnierboard, welches unter dem Namen London Board, Clock Board und Number One Board bekannt ist, einen unvergleichlichen Siegeszug. Erst von dieser Zeit an konnte es sich gegen eine Vielzahl unterschiedlichster Scheiben durchsetzen, die bis dahin das Bild in den Pubs einzelner Regionen bestimmten. Nur wenige dieser von unseren Standardboards abweichenden Varianten findet man heute noch in verschiedenen Gegenden Großbritanniens.

Zuerst jedoch wollen wir uns mit dem, den meisten von uns vertrauten Board beschäftigen, dem London Board. Wie der Name bereits vermuten lässt, war es einst das Board der Londoner Bevölkerung. Seine Beliebtheit verbreitete sich jedoch schon bald in ganz England und schließlich in der ganzen Welt. Heute ist es weltweit anerkannt und wird bei fast sämtlichen Wettbewerben auf nationaler und internationaler Ebene verwendet.

Die Maße des London Boards

Das London Board hat einen Durchmesser von 45,7 cm, von denen 34,2 cm auf die gültige Spielfläche entfallen. Die Double- und Trebleringe sind 8 mm breit. Die Entfernung vom äußeren Draht des Doublerings bis zum Doppel Bull (Bull`s Eye) beträgt 170 mm. Die Entfernung vom äußeren Draht des Treblerings bis zum Bull`s Eye beträgt 117 mm. Die Größe des gesamten Bulls (einfach und doppelt) beträgt 31 mm, von denen 12,7 mm auf das Bull`s Eye entfallen (Abb. 13).

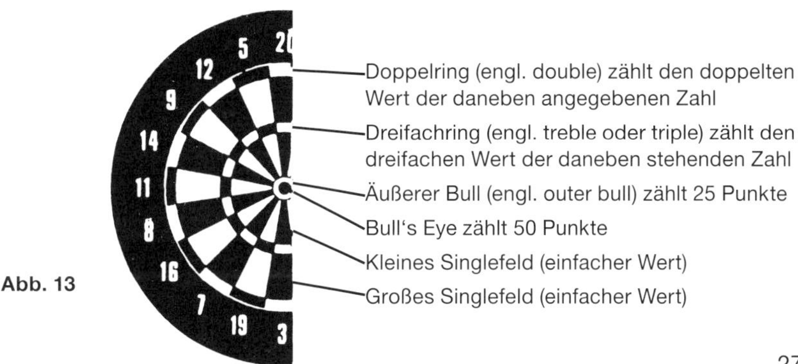

Abb. 13

Die Segmente des London Boards

Im Anschluss möchte ich nicht versäumen, noch kurz auf die Verteilung der Zahlen von 1 bis 20, d.h. auf die einzelnen Felder, einzugehen. Niemand weiß, wann und durch wen die scheinbar planlose Anordnung dieser Zahlenfelder zustande kam. Offenkundig ist jedoch die Absicht des Erfinders, dass eine hohe Zahl jeweils von zwei niedrigen umgeben wird, was die Möglichkeit hoher Glückstreffer bei ungenauen Würfen mindert. Beispiele: 20 zwischen 5 und 1; 19 zwischen 7 und 3; 18 zwischen 1 und 4 usw..

Preise und Qualitäten

Dartboards sind in Preislagen zwischen etwa 15 und 75 € erhältlich, wobei das Verarbeitungsmaterial den Preisunterschied ausmacht. Boards der unteren Preisklasse bestehen zumeist aus gepresstem Papier oder aus Kork und haben bei häufiger Benutzung eine verhältnismäßig kurze Lebensdauer.

Im deutschen Einzelhandel sind die hochwertigen Bristle Boards bereits ab 20 € aufwärts erhältlich. Sie haben erhebliche Vorteile aufzuweisen. Nur sie sind als offizielle Wettkampf- und Turnierboards zugelassen. Zum zweiten halten sie auch als Trainingsboards in den eigenen vier Wänden bei schonender Behandlung jahrelang. Der dritte Pluspunkt ist, dass geworfene Darts (vorausgesetzt sie sind nicht stumpf) keinerlei Löcher oder andere Beschädigungen auf diesen Boards hinterlassen. Ein Bristle Board besteht mit wenigen Ausnahmen aus afrikanischen Sisalfasern, von denen zwischen vierzehn und achtzehn Millionen pro Stück verarbeitet werden.

Nebenbei sei bemerkt, dass sich ein Bristle Board auch durch sein beachtliches Gewicht von rund 5 kg von anderen minderwertigen Ausführungen abhebt.

All denjenigen, die ihren Trainingseifer den Doubles und Trebles widmen (und das sollte eigentlich jeder Liebhaber dieses Sports tun), empfehle ich die Anschaffung eines „Champion`s Choice“ bzw. „Master Boards“, welches sich durch Double- und Trebleringe auszeichnet, die nur halb so breit sind wie die des üblichen London Boards.

Die Pflege des Dartboards

Ein durchaus ernstzunehmendes Thema sollte auch die Pflege und Behandlung des Dartboards sein. Diese ist relativ einfach, weshalb ich mich darauf beschränke, dem Leser drei Faustregeln mit auf den Weg zu geben:

Regel Nr. 1: Wirf nicht mit stumpfen Darts! Sie strapazieren das Board über Gebühr.

Regel Nr. 2: Drehe dein Board von Zeit zu Zeit! So vermeidet man eine einseitige Abnutzung. Hierzu entfernt man den Zahlenkranz, dreht das Board in beliebiger Richtung und befestigt den Zahlenkranz anschließend wieder.

Regel Nr. 3: Schütze dein Board vor Feuchtigkeit! Mit Ausnahme des bei uns kaum bekannten Elm-Boards (Ulmenholz), welches regelmäßig befeuchtet werden muss, um es weich und geschmeidig zu halten, dürfen alle anderen Boards nicht mit Wasser in Berührung kommen, da sie sonst aufquellen und unbrauchbar werden.

Regionale Boards

Im Folgenden möchte ich noch auf einige regional verwendete Boards eingehen, wobei ich mich jedoch nur auf die bekanntesten beschränke.

1. Das East End Board

Das East End Board ist häufig unter dem Namen Fives Board zu finden. Dies ist dadurch bedingt, dass lediglich die durch fünf teilbaren Zahlen des London Boards Verwendung finden. In der Reihenfolge 20, 5, 15 und 10 erscheinen diese Zahlen dem Uhrzeigersinn folgend dreimal auf dem Board. Ansonsten besitzt das East End Board sämtliche auch dem London Board zueigenen Merkmale, wobei die Double- und Trebleringe jedoch geringfügig kleiner sind (Abb. 14). Das so genannte Narrow Fives Board (ansonsten gleich wie das East End Board) zeichnet sich durch Double- und Trebleringe von extrem geringer Breite (Abb. 15) aus. Selbstverständlich kennt man die Spiele 301 und 501 auf diesen Boards nur als 305 und 505.

Abb. 14

Abb. 15

2. Das Log End- oder Manchester Board

Das Log End Board, welches selbst heute noch meistens aus Holz oder Kork hergestellt wird, fällt insbesondere durch eine völlig von der Reihenfolge des London Boards abweichende Zahlenanordnung auf. Die gültige Spielfläche des Log End Boards hat einen Durchmesser von nur 25,4 cm (Abb. 16). Zudem fehlt der Treblering und häufig auch der äußere Bull. Dadurch, dass der Doublering mit einer Breite von nur 4,2 mm ausgesprochen klein ist, gilt das Log End Board als schwierigste Variante überhaupt.

Abb. 16

Abb. 17

3. Das Yorkshire Board

Das Yorkshire Board ähnelt dem uns bekannten London Board am meisten (Abb. 17). Die Unterschiede bestehen im:

a) Fehlen des Treblerings

b) Fehlen des äußeren Bulls

c) schmaleren Doublering.

Neben diesen drei, uns weniger vertrauten Boards, gibt es noch andere Varianten, wie zum Beispiel das Norfolk Board, das Lincoln Board, das Club Board und einige andere, auf deren Beschreibung ich jedoch verzichten möchte. Die Abb. 18 – 21 geben eine ungefähre Vorstellung von der Vielzahl und Verschiedenheit dieser fast ausgestorbenen Raritäten.

Abb. 18 - 21

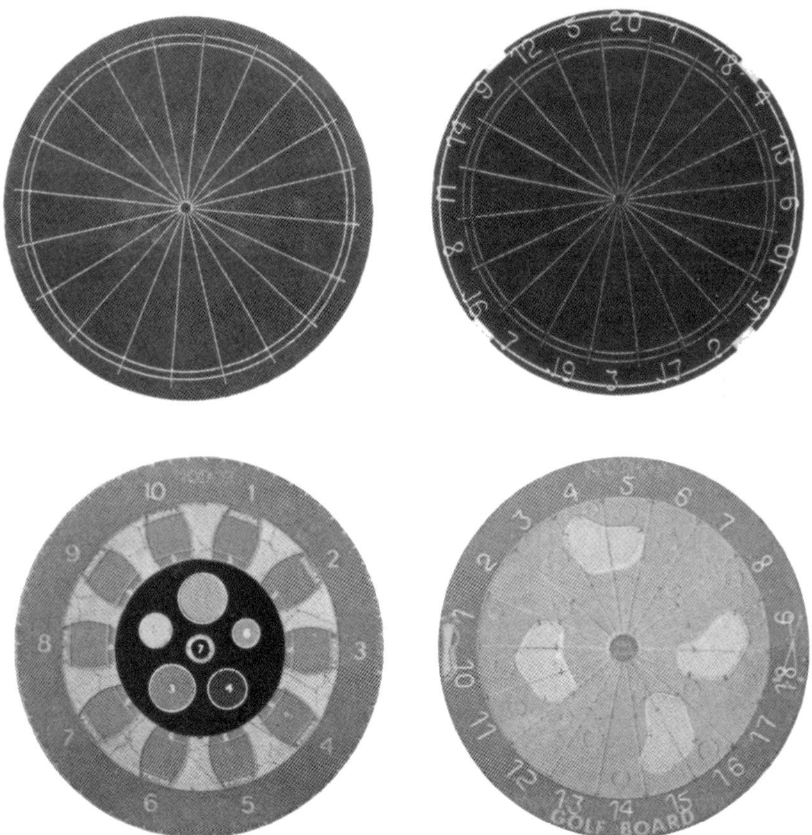

Abb. 22a+b Wettkampfstimmung

V. Die Spielregeln der BDO

Die folgenden Seiten widme ich einer auszugsweisen Übersetzung der international anerkannten Spielregeln der „British Darts Organisation“ (BDO).

Bei dieser Gelegenheit möchte ich mich für die freundliche Unterstützung der BDO bedanken, die mir das Recht zur Veröffentlichung ihrer „Playing Rules“ erteilte. Mein Dank richtet sich besonders an Dave Alderman, den ehemaligen Direktor der BDO und Koordinator der World Darts Federation (WDF).

Allgemeine Spielregeln

1. Die Spieler sollen eigene Darts besitzen, deren maximale Gesamtlänge 30,5 cm und deren Gewicht 50 g nicht überschreiten darf. Jeder Dart muss mit einer Nadelspitze versehen sein, die mit dem Rumpf verbunden sein muss.
   Am Ende des Rumpfes muss sich ein mit einem Flight versehener Schaft befinden, der aus drei separaten Komponenten bestehen darf.
   Anmerkung: Flight, Flightschoner und Schaft
2. Die BDO behält sich das Recht vor, Spieler oder Mannschaften von bestimmten Veranstaltungen auszuschließen, sofern dies für erforderlich gehalten wird.
3. Sämtliche Spieler und Mannschaften haben ihr Spiel unter Einhaltung der BDO-Spielregeln und -wo erforderlich- unter Beachtung von im Startformular oder im Programm festgelegten Zusatzregeln durchzuführen.
4. Sämtliche einem Spieler oder einem Team verliehene Trophäen sind Eigentum des Gewinners, es sei denn, dass es sich um Herausforderungstrophäen oder Wanderpreise handelt, die bei Aufforderung an die Organisatoren zurückzugeben sind.
5. Spieler oder Mannschaften, die sich irgendeiner der BDO-Spielregeln widersetzen, müssen mit dem Ausschluss von der jeweiligen Veranstaltung rechnen.
6. Die Auslegung der BDO-Regeln bei Anwendung auf einer Dartveranstaltung unterliegt den Organisatoren derselben. Ihre Entscheidung ist endgültig und unanfechtbar.
7. Benachrichtigungen bezüglich solcher Auslegungen müssen dem Direktorenausschuss der BDO zur Begutachtung und eventueller

Aufnahme in eine Neuauflage der BDO-Spielregeln zugesandt werden.

8. Jede nicht ausdrücklich in den BDO-Spielregeln behandelte Angelegenheit muss durch den Direktorenausschuss der BDO entschieden werden. Deren Beschluss bezüglich sämtlicher solcher Angelegenheiten ist endgültig und unanfechtbar.

9. Mit dem Begriff „Organisator“ bevollmächtigt die BDO Ltd. ihre Angestellten oder von der BDO Ltd. ernannte Personen ihre auf Dartveranstaltungen bezogene Funktionen auszuüben.

Spielerreihenfolge

16.01 Die Spielerreihenfolge wird durch das Los oder einen Münzwurf entschieden.

16.02 Der Gewinner des Loses oder des Münzwurfes beginnt das Spiel im ersten Satz und sämtlichen folgenden ungeraden Sätzen dieses Matchs.

16.03 Der Verlierer des Loses oder des Münzwurfes beginnt den zweiten Satz und, falls erforderlich, jeden weiteren geraden Satz in diesem Match.

Anmerkung: Diese Methode erscheint mir und vielen anderen Dartspielern als wenig geeignet, da hier das reine Glück schon vor Beginn des Spiels über oftmals gravierende Vor- und Nachteile entscheidet. In „gewöhnlichen“ Pubspielen ist der Beginner des ersten Satzes zumeist derjenige, der dem Bull mit einem Dart am nächsten kommt. Eine weitere Möglichkeit ist, denjenigen anfangen zu lassen, der mit sechs Darts die höchste Punktzahl erreicht.

Der Wurf

10.01 Alle Darts müssen von und aus der Hand des Spielers geworfen werden.

10.02 Ein Wurf muss mit drei Darts ausgeführt werden, außer wenn ein Satz, Spiel oder Match mit weniger als drei Darts beendet wird.

10.03 Jeder Dart, der abprallt oder aus dem Board herausfällt, wird nicht gewertet und darf nicht noch einmal geworfen werden.

Beginn und Ende des Spiels

11.01 Bei allen Dartveranstaltungen wird jeder Satz ohne Doppel (straight) begonnen und mit Doppel beendet, außer wenn dies anders in der Ausschreibung einer bestimmten Veranstaltung festgelegt sein sollte.

11.02 Das Bull's Eye zählt 50 Punkte, und wenn 50 Punkte zum Beenden eines Satzes, Spiels oder Matchs erforderlich sind, so wird das Bull's Eye als „Doppel 25" gewertet.

11.03 Die „Bust-Regel" (wörtlich: *zuviel, geplatzt*) hat Gültigkeit. Dies bedeutet, dass, wenn ein Spieler mehr als die benötigte Punktzahl erzielt, dieser Wurf nicht zählt und der Spieler auf dem Punktstand verbleibt, der vor dem letzten Wurf des Gegners Gültigkeit besaß.

11.04 Ein vom Schiedsrichter oder Punktansager ausgerufenes „Game shot" (Spiel beendet) besitzt nur dann Gültigkeit, wenn die geworfenen Darts die zum Beenden des Spiels benötigte Punktzahl erzielt haben und solange im Board stecken bleiben, bis sie vom Spieler herausgenommen werden, wenn der Ruf „Game shot" ertönt.

11.05 Die BDO Ltd. erkennt das Prinzip der „Equal Darts" (gleiche Wurfanzahl) nicht an. Ein Spieler, der ein Spiel beendet, indem er die Gesamtpunktzahl, die er gemäß den Spielregeln benötigt, erreicht, hat den Satz, das Spiel oder das Match gewonnen.

Anmerkung: An dieser Stelle halte ich es für erforderlich, näher auf den soeben vorgestellten Punkt 11.05 einzugehen.

Die "Equal Darts Rule", die von der BDO nicht anerkannt wird, besagt, dass, wenn der Beginner eines Satzes beispielsweise mit dem 17. Dart den erforderlichen Doppelring trifft, der das Spiel beenden würde, dem Gegner die Möglichkeiten verbleiben, a) mit seinem 16. Dart den Satz doch noch für sich zu entscheiden, b) mit seinem 17. Dart ein Remis zu erzwingen, was zu einer Wiederholung des gesamten Satzes führen würde oder c) den Satz endgültig zu verlieren.

Auf der einen Seite verleiht diese Regel dem durch Münzwurf oder Los unverschuldet in Nachteil geratenen Spieler Chancengleichheit und nimmt dem Dartsport somit auch den letzten „Touch" eines Glücksspiels. Auf der anderen Seite hingegen würde das Spiel eines Großteils seiner typischen Atmosphäre beraubt, müsste der vermeintliche Gewinner sich doch letztendlich durch einen Nachwurf seines

Gegners geschlagen geben oder gar eine Wiederholung des Satzes in Kauf nehmen. Das Unentschieden lag zudem noch nie in der Natur des Dartsports, bei dem es nur Sieg oder Niederlage gibt.

Auch das Publikum könnte sich nicht recht über ein nur scheinbar beendetes Spiel freuen, müsste es doch das letzte Aufbäumen des Gegners und somit das mögliche Umkippen des Spiels abwarten. Gerechtigkeit oder Tradition? Einem jeden sei überlassen, wie er über eine derzeit noch undenkbare Einführung der „Equal Darts Rule“ seitens der BDO denkt.

11.06 Jeder Dart, der von einem Spieler versehentlich nach dem Treffen des erforderlichen Schlussdoppels geworfen wird, wird nicht mehr gewertet, da der entsprechende Satz, das Spiel oder das Match mit dem den erforderlichen Doppelring treffenden Dart beendet wird.

Das Punkten

12.01 Ein geworfener Dart zählt nur dann, wenn die Spitze stecken bleibt und die Oberfläche des Dartboards innerhalb des äußeren Drahtes des Doppelrings von der Spitze berührt wird. Erst dann wird der Dart von dem Werfer aus dem Dartboard entfernt.

12.02 Die Punktzahl wird von der Seite des Segmentdrahtes ausgehend gewertet, von welcher aus die Spitze des Darts in die Oberfläche der Dartscheibe eindringt, stecken bleibt oder sie berührt.

12.03 Die Darts werden von dem Werfer aus dem Dartboard entfernt. Dies geschieht erst, nachdem der Wurf von dem Schiedsrichter oder Punktansager ausgerufen und von dem Schreiber vermerkt wurde.

12.04 Ein Protest gegen die erzielte oder ausgerufene Punktzahl kann nach dem Entfernen der Darts aus dem Dartboard nicht mehr vorgebracht werden.

12.05 Alle durchgeführten Rechenvorgänge und Subtraktionen sollten nach jedem Wurf und, falls möglich, noch vor Beginn des nächsten Wurfes des Gegners von den Schiedsrichtern, dem Punktansager oder dem Schreiber und den Spielern kontrolliert werden.

12.06 Sämtliche Anfragen bezüglich einer Kontrolle des Punktestandes müssen vor dem nächsten Wurf des Spielers oder Teams vorgebracht werden.

12.07 Der aktuelle Spielstand, das heißt, die noch von einem Spieler oder Team benötigten Punkte, müssen auf einem Spielblatt oder einer Tafel deutlich sichtbar in Augenhöhe vor den Spielern und dem Schiedsrichter oder dem Punktansager angebracht sein.

12.08 Hinweise auf die benötigten Doppelringe dürfen weder vom Schreiber noch vom Schiedsrichter oder dem Punktansager gegeben werden.

(Anmerkung: Gesagt wird also „32 Rest“ und nicht „Doppel 16 Rest“)

12.09 Der erste Spieler oder die erste Mannschaft, der es gelingt, die Punktzahl auf genau „0“ zu reduzieren und dabei das erforderliche Double zu treffen, ist Sieger des jeweiligen Satzes, Spiels oder Matchs.

12.10 Der Schiedsrichter oder Punktansager soll in sämtlichen mit den BDO Spielregeln in Verbindung stehenden Streitfragen, die während der Durchführung einer Dartveranstaltung auftreten, als Unparteiischer fungieren und sich, sofern erforderlich, mit dem Schreiber und anderen Offiziellen vor Bekanntgabe irgendwelcher Entscheidungen während eines Satzes, Spiels oder Matchs besprechen.

Das Dartboard

13.01 Alle Dartboards müssen vom „Bristle“- (Borsten-) Typ sein.

13.02 Alle Dartboards müssen dem „1-20 Uhr“-System entsprechen.

13.03 Der schmale innere Ring zählt den dreifachen Wert der über dem Segment angezeigten Zahl.

13.04 Der schmale äußere Ring zählt den zweifachen Wert der über dem Segment angezeigten Zahl.

13.05 Der äußere im Zentrum befindliche Ring zählt 25 Punkte.

13.06 Der innere im Zentrum befindliche Ring zählt 50 Punkte und wird „Bull's Eye“ genannt.

13.07 Sämtliche Drahtteile, die die Segmente Double, Treble, inneren und äußeren Mittelring darstellen und zusammen die “Spider“

(Spinne) ergeben, müssen so an der Oberfläche des Boards angebracht werden, dass sie fest auf dieser Oberfläche aufliegen.

13.11 Ein Spieler oder Mannschaftskapitän hat das Recht, während des Verlaufs eines Matchs das Auswechseln oder eine Stellungsveränderung des Dartboards zu verlangen. Voraussetzung hierfür ist, dass der gegnerische Spieler oder Mannschaftskapitän mit dieser Forderung einverstanden ist. Ein solches Auswechseln oder eine Stellungsveränderung darf nur vor Beginn oder nach Beendigung eines Satzes durchgeführt werden.

13.12 Veränderungen der Position oder Auswechseln des Dart-Boards dürfen nur von einem Angestellten der Spielleitung vorgenommen werden.

Beleuchtung

14.01 Während des Verlaufs von Turnierspielen müssen die Dartboards ausreichend durch eine gut angebrachte Beleuchtung an jedem Dartboard ausgestattet sein. Mindeststärke: 100 Watt (Abb. 23).

Abb. 23

Der Aufbau des Dartboards und das Festsetzen der Abwurflinie

Anmerkung: Das Aufhängen eines Dartboards , sowie das Festsetzen der Abwurflinie ist unkompliziert und schnell zu erledigen.

Einzige Voraussetzungen sind genügend Platz und das entsprechende Werkzeug. Auch hier helfen die BDO-Spielregeln eventuellen Missverständnissen vorzubeugen.

13.08 Das Dartboard soll so angebracht werden, dass der senkrechte Abstand vom Boden bis zum Mittelpunkt des Bulls, der auf gleicher Höhe mit der Abwurflinie liegen muss, 1,73 m beträgt.

13.09 Das Dartboard soll so angebracht werden, dass das Segment der „20“ schwarz ist und sich oben in der Mitte des Boards befindet.

15.01 Eine sich vom Boden abhebende Abwurflinie mit einer Höhe von 3,8 cm und einer Länge von 61 cm muss auf der Höhe des geringsten Wurfabstandes (2,37 m) errichtet werden. Der Abstand soll entlang des Bodens von der dem Spieler zugewandten Seite der Abwurflinie bis zu einem von der Vorderseite des Boards zur Erde gefällten Lot 2,37 m (7 Fuß 9 ¼ Zoll) betragen (Abb.24).

15.02 Der diagonale Abstand vom Mittelpunkt des Bulls bis zu der dem Spieler zugewandten Seite der Abwurflinie auf Höhe des Bodens beträgt 2,93 m.

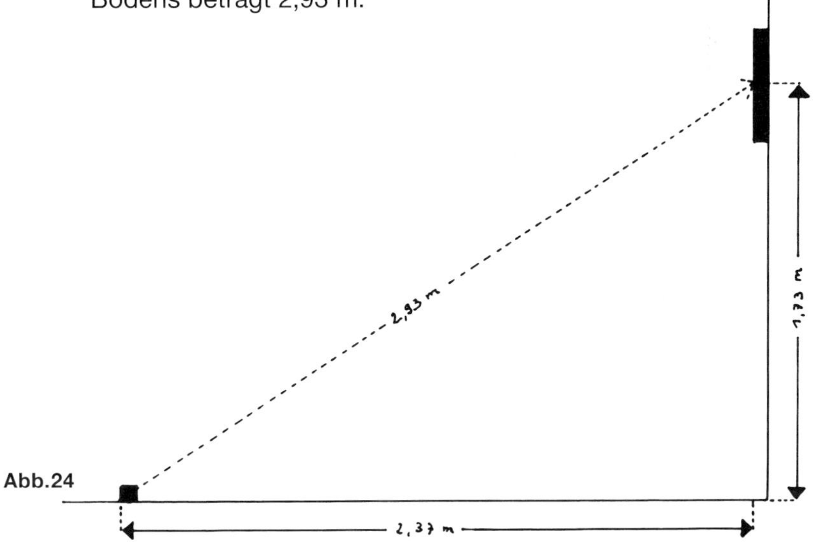

Abb.24

15.04 Während des Spiels darf der Spieler weder seinen Fuß auf die sich vom Boden abhebende Wurflinie setzen, noch darf er einen Dart aus einer Stellung heraus werfen, bei der sich seine Füße an einer anderen Stelle befinden, als hinter der sich vom Boden abhebenden Abwurflinie.

15.05 Ein Spieler, der einen oder mehrere Darts von einem Punkt aus werfen will, der sich neben der sich abhebenden Abwurflinie befindet, muss mit seinen Füßen hinter einer imaginären geraden Linie auf Höhe der Abwurflinie bleiben.

15.06 Ein Spieler, der gegen die Regeln 15.04 oder 15.05 verstößt, wird zuerst in Anwesenheit des Mannschaftskapitäns oder des Teammanagers durch den Schiedsrichter oder den Punktansager verwarnt. Jeder weitere, nicht in Übereinstimmung mit diesen Regeln geworfene Dart, wird nicht gewertet und wird vom Schiedsrichter oder Punktansager für ungültig erklärt.

15.07 Ein Spieler oder Mannschaftskapitän hat das Recht, eine Kontrolle und, falls erforderlich, eine Korrektur der Wurflinienabmessungen zu verlangen. Dies setzt voraus, dass der gegnerische Spieler oder Mannschaftskapitän mit dieser Forderung einverstanden ist. Eine solche Forderung muss vor Beginn oder nach Beendigung eines Satzes gestellt werden. Ebenso kann die Kontrolle oder Korrektur, falls sie sich als erforderlich erweist, nur vor Beginn oder nach Beendigung eines Satzes durchgeführt werden.

15.08 Korrekturen oder Kontrollen der Wurflinienabmessungen können nur von einem Angestellten der Spielleitung durchgeführt werden.

Ergänzend zu den Regeln bezüglich des Wurfabstandes möchte ich noch Folgendes hinzufügen: Die Entfernung von 2,37 m zwischen Abwurflinie und Dartboard wurde erst im Jahre 1977 verbindlich als internationale Standarddistanz festgelegt, da diesbezügliche regionale Unterschiede immer wieder zu Unstimmigkeiten führten. Dennoch werden in manchen Gegenden auch heute noch andere Maßstäbe gesetzt. Dies gilt selbstverständlich nicht für BDO-Veranstaltungen.

So ist es in verschiedenen afrikanischen Ländern üblich, aus einer Distanz von 2,74 m zu werfen, wohingegen zahlreiche Gemeinden in Großbritannien Entfernungen zwischen 1,83 m und 2,44 m bevorzugen. Die in diesem Kapitel aufgeführten Regeln sind universal, also auch in Deutschland auf den Dartsport anwendbar. Auf weitere Punkte der BDO-Spielregeln habe ich mit Absicht verzichtet, da diese speziell

Abb. 25 Colin Rice beim Spiel

auf von der BDO ausgerichtete Großveranstaltungen zugeschnitten sind und sich zum größten Teil mehr auf Formalitäten und Turnierorganisation als auf den eigentlichen Dartsport beziehen. Interessenten, welche in den Besitz der ungekürzten „Playing Rules“ kommen möchten, wenden sich an:

British Darts Organisation, Heaquarters, 2 Pages Lane, Muswill Hill, London N10 1PS, England.

Seit Mitte der achtziger Jahre verfügt der Deutsche Dart-Verband über ein eigenes Regelwerk, das bei allen offiziellen nationalen Wettbewerben und Turnieren Gültigkeit besitzt. Unter **www.deutscherdartverband.de** findet man sämtliche Vorschriften des DDV.

VI. Die Technik des Dartspiels

Stand, Griff und Wurf

Der Dartsport überlässt dem Spieler ein großes Maß an Entscheidungsfreiheit. Weder Stand, Griff noch Wurf sind durch Regeln festgelegt. Dennoch ist es üblich, dass sich jeder Spieler eine bestimmte Technik aneignet. Nachfolgend bemühe ich mich, einige der am meisten verwendeten Techniken in Wort und Bild zu beschreiben.

Der Stand

Grundlegend für das Gleichgewicht während des Wurfs ist ein fester und bequemer Stand. Dem Spieler bieten sich folgende Möglichkeiten an:

a) Beide Füße befinden sich auf gleicher Höhe nebeneinander. Sie sind gerade oder leicht nach außen gestellt (Abb. 26). Der Abstand zwischen den Füßen darf jedoch nie zu groß werden, da sich dadurch die Höhe des Spielers verändern würde und der Stand nicht mehr natürlich wäre.

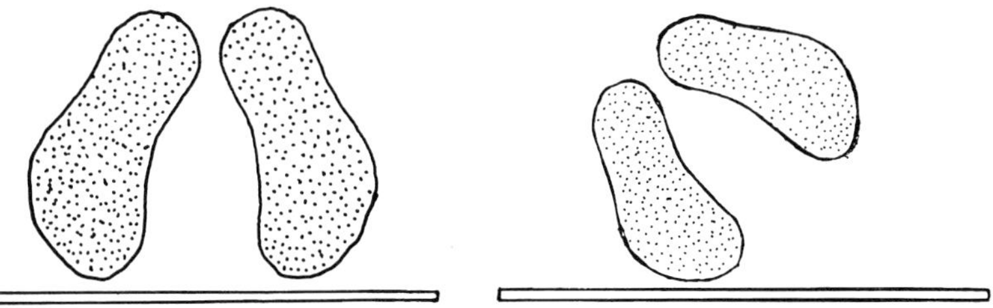

Abb. 26 **Abb. 27**

b) Hier weist der in Richtung zum Board gestellte rechte Fuß (bei Rechtshändern) auf das Bull's Eye, während der zurückgestellte linke Fuß in einem Winkel von 45 bis 70 Grad versetzt steht (Abb. 27).

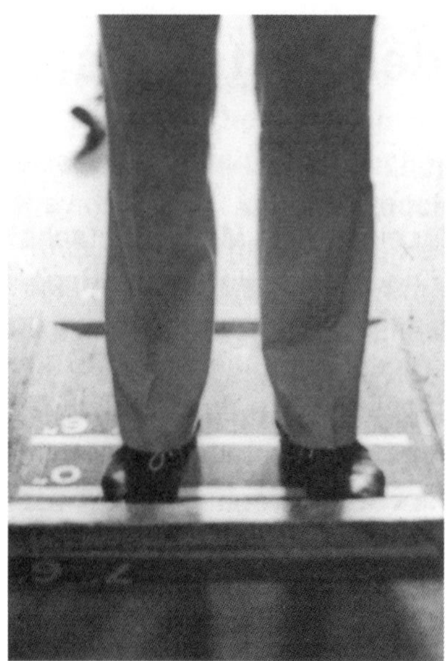

Abb. 28-30

c) Gleich wie a). Der linke Fuß ist jedoch nur leicht nach links abgewinkelt (Abb. 31).

d) Bei diesem Stand befindet sich der Außenrist des rechten Fußes (bei Rechtshändern) parallel zur Abwurflinie, während der linke Fuß entweder parallel oder leicht nach außen abgewinkelt zum rechten Fuß steht (Abb. 32). Die hier beschriebene Stellung hat zwar den leichten Vorteil, den Spieler ein paar Zentimeter näher an das Board heranzubringen, ist jedoch aufgrund ihrer Unnatürlichkeit nicht zu empfehlen, da diese sich nachteilig auf das Gleichgewicht auswirkt.

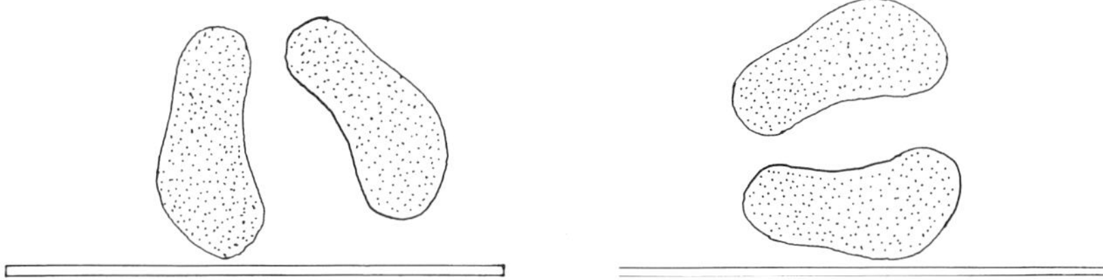

Abb. 31 **Abb. 32**

Bei all diesen Standbeispielen hat der Spieler unbedingt darauf zu achten, dass er sein Gleichgewicht behält und weder während, noch nach dem Wurf nach vorne kippt.

Während des Wurfs sollte sich lediglich der Wurfarm bewegen. Somit versteht sich auch, dass das häufig zu beobachtende „Ausschlagen“ mit dem linken Fuß keineswegs ein Zeichen ausgereifter Technik ist. Nur wer einen ruhigen Stand beibehält, kann auch mit einer konstant guten Leistung rechnen. Ein möglichst weites Vorbeugen des Oberkörpers, welches dazu dienen soll, einige Zentimeter zu „schinden“, macht nicht nur eine schlechte Figur, sondern ist zudem auch gefährlich, da auf diese Weise ein Vornüberkippen oft schon programmiert ist. Jeder sollte versuchen, einen ihm bequemen und Erfolg versprechenden Stand zu finden und nach Möglichkeit immer von der gleichen Stelle aus zu werfen. Man hat die Möglichkeit, hinter der Abwurflinie zentral zu stehen oder beliebig nach links oder rechts auszuweichen. Standortveränderungen sind z.B. erforderlich, wenn das Ziel durch einen bereits geworfenen Dart verdeckt wird und von einer anderen Stelle aus besser zu sehen ist.

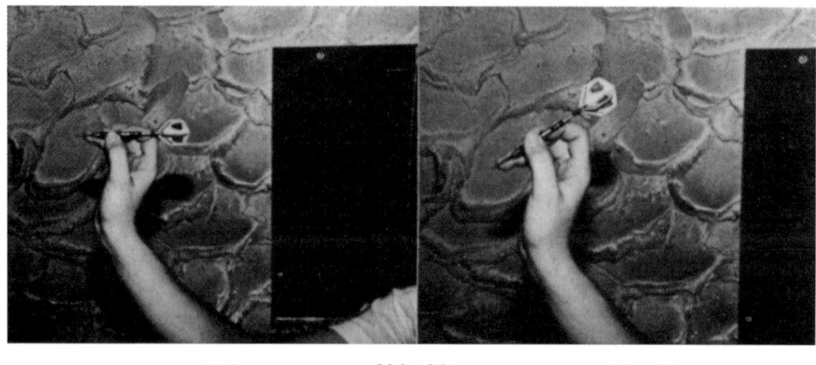

gut Abb. 33 schlecht

Der Griff

Es gibt keinerlei Vorschriften, wie man den Dart zu halten hat, und dies ist wohl mit ein Grund dafür, dass es selten zwei Spieler in einem Verein gibt, die den gleichen Griff verwenden (Abb. 34).

Deshalb erübrigt es sich auch, Anfängern diesbezüglich gut gemeinte Ratschläge zu erteilen. Dass der Daumen der Wurfhand unter den Schwerpunkt des Darts gehört, merkt jeder bei den ersten Wurfversuchen. Fest steht ebenso, dass es sinnlos ist, irgendwelche Profis oder Spitzenspieler zu imitieren.

Jeder sollte den Griff verwenden, der ihm am bequemsten erscheint, und schon bald wird er merken, dass er im Laufe der ersten vier bis sechs Monate zu einem wirklich eigenen Stil findet.

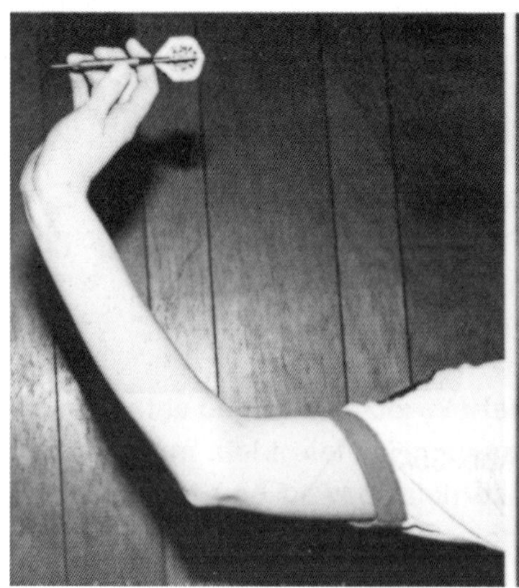

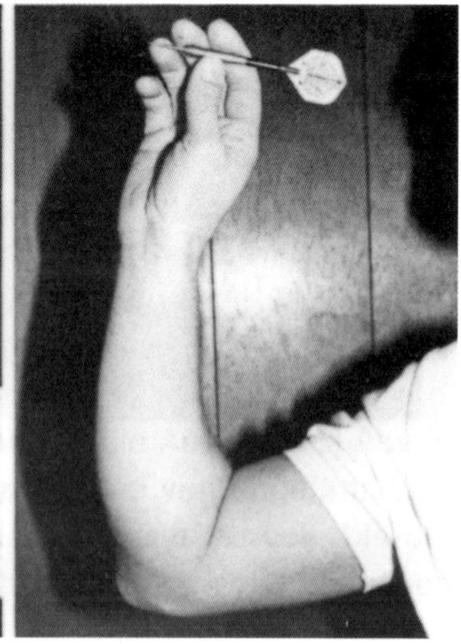

Abb. 34

Fortgeschrittene werden schnell feststellen, dass es zwecklos ist, den Dart von Mal zu Mal anders zu halten, da für jeden Spieler nur eine Variante die absolut richtige sein kann. Ist diese erst einmal gefunden, sollte man sie nach Möglichkeit auch für immer beibehalten.

Der Wurf

Der Wurf ist ein komplexer Vorgang und der schwierigste Teil der eigentlichen Technik des Dartsports. Drei wichtige Teilaktionen ergeben die Gesamtheit des Wurfs. Diese sind:

a) der Zielvorgang

b) die Armführung

c) das Loslassen des Darts.

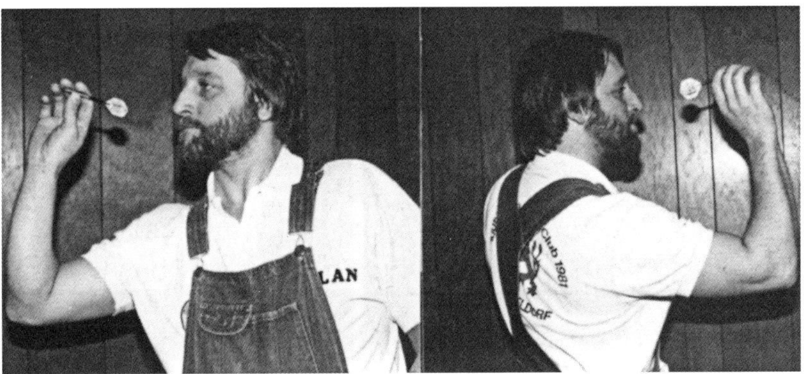

Abb.35/36

Der Zielvorgang ist bereits Teil des Wurfs und mitentscheidend über Erfolg oder Misserfolg. Er beginnt mit der Konzentration des Spielers auf das zu treffende Ziel. Hierbei sollte alles, was um den Spieler herum vorgeht, in den Hintergrund treten. Störende akustische und optische Wahrnehmungen müssen verdrängt werden. Das Auge fixiert den Punkt, den der Dart treffen soll. Autogenes Training und Meditation können nervösen und konzentrationsschwachen Spielern bei der Einübung dieses Zielvorgangs von großem Nutzen sein.

Als nächstes begibt sich der Wurfarm in die Ausgangsstellung. Der Unterarm steht hierbei in einem Winkel von ungefähr 130° zum Oberarm und bewegt sich dann langsam zurück, bis die Hand sich vor der rechten Gesichtshälfte in Höhe zwischen Mund und Nase befindet. Der Arm kann jedoch auch so zurückgezogen werden, dass sich der

Abb.37 Martin Adams

Dart dem rechten Ohr des Spielers nähert, ohne aber dass dieses oder die Schulter versehentlich berührt werden. Nun bewegt sich der Oberarm nach vorne und verbindet sich mit dem während des gesamten Wurfvorgangs absolut unbewegten Oberarm zu einer fast geraden Linie. Kurz bevor der Arm „ausgefahren" ist, öffnen sich der Daumen sowie die übrigen, den Dart haltenden Finger, um ihn aus dem Griff zu entlassen. Diese Aktion muss leicht und unverkrampft vonstatten gehen, da ansonsten die Gefahr besteht, dass die Armführung nach innen oder außen verzogen wird.

Erfolgt das Loslassen des Darts zu spät, wird dem Wurf durch das plötzlich folgende Stoppen der Bewegung der Schwung genommen. Zudem wird der Wurf verrissen.

Ebenso falsch ist es, den Dart zu früh loszulassen. Auch in diesem Fall wird der zur Verfügung stehende Schwung nicht optimal ausgenutzt, die gerade Linie ist noch nicht erreicht und das Ziel wird verfehlt.

Nachdem der Dart die Hand verlassen hat, sollte der Unterarm die begonnene Bewegung in jedem Fall noch bis zum Ende durchführen und erst im „ausgefahrenen" Zustand zum Stillstand kommen.

Das häufig zu beobachtende „Lupfen" eines Darts, bei dem der Dart steil in die Luft fliegt und dann plötzlich wie ein Stein nach unten sackt (Fußballer nennen dies eine Bogenlampe!), ist ebenso ein Ergebnis verfrühten Loslassens oder aber eines Hochziehens des Oberarms, was tunlichst zu vermeiden ist. Überhaupt sollte ein Spieler gelegentlich überprüfen, ob er nicht vielleicht doch mehr als nur den Unterarm bewegt. Der Ellenbogen - Dreh- und Angelpunkt der gesamten Wurfbewegung - sollte sich nach dem Wurf an der gleichen Stelle befinden wie vorher. Nur so kann ein fatales Mitführen des Oberarms in vertikale oder horizontale Richtung vermieden werden.

Abb. 38 Bob Anderson „Game Shot“

VII. Die Standardspiele "501" und "301"

Wie in einem der nächsten Kapitel deutlich wird, ist der Dartsport sehr abwechslungsreich. So wie mit einem Ball nicht nur Fußball oder Handball gespielt werden kann, beschränken sich die Möglichkeiten beim Spiel mit den Darts ebenso wenig auf nur zwei oder drei Varianten. Dennoch muss man davon ausgehen, dass das Standardspiel "501" bei Wettbewerben und Ligaspielen den eindeutigen Vorzug genießt. Von den großen Turnieren weichen nur wenige hiervon ab. Als Beispiele seien das „North American Open" mit dem „301" Modus, sowie das „British Pentathlon" zu erwähnen, bei dem, wie der Name schon vermuten lässt, fünf verschiedene Spiele zum Pflichtprogramm gehören.

Abb. 39 „501"

Bei „501" geht es darum, mit möglichst wenigen Darts vor dem Gegner von 501 Punkten genau auf „0" zu kommen. Der Beginner des ersten Satzes wird durch Los oder Münzwurf ermittelt (bei Pubspielen meistens durch jeweils einen Wurf auf das Bull's Eye, wobei der Werfer dessen Dart der Mitte des Boards am nächsten kommt, das Spiel beginnt). Ein Wurf besteht aus drei Darts. Die erzielten Punkte werden vom jeweils letzten Zwischenstand subtrahiert. Während des gesamten Spiels zählt der äußere Ring des Dartboards, genannt Double, die zweifache Punktzahl des darüber angegebenen Wertes. Der innere Ring, genannt Treble, zählt das Dreifache, der äußere Ring des Zentrums, genannt Bull, zählt 25 Punkte und der Mittelpunkt, das Bull's Eye, wird mit 50 Punkten gewertet.

Die Hauptschwierigkeit des Spiels liegt im Beenden eines Satzes. Hierzu muss der letzte Dart den erforderlichen Double treffen.

Beispiel I: Spieler A hat einen Rest von 40 Punkten. Er benötigt somit Double 20, um das Spiel mit einem weiteren Dart zu beenden.

Beispiel II: Spieler B benötigt 39 Punkte, eine ungerade Zahl, mit welcher er das Spiel noch nicht beenden kann. Er wirft mit dem nächsten Dart z.B. eine 7, um auf 32 Punkte, also Double 16, zu kommen. Nun hat auch er die Möglichkeit, das Spiel mit einem einzigen weiteren Dart für sich zu entscheiden. Selbstverständlich hätte er bei einem Rest von 39 auch eine andere ungerade Zahl werfen können, sofern ihm ein anderer Double mehr zusagt.

Sieger des Satzes ist, wer zuerst sein erforderliches Schlußdoppel trifft.

Ein Spiel besteht normalerweise aus zwei (best of three) oder drei (best of five) Gewinnsätzen. Die folgende Grafik zeigt, wie ein Spiel auf der Tafel oder dem Blatt aussehen könnte. Die einen Spalten zeigen die Punkte der einzelnen Würfe an, die anderen Spalten ergeben die jeweiligen Restpunktzahlen nach den einzelnen Subtraktionen (Abb. 40).

501			
A		B	
60	441	381	120
26	415	346	35
100	315	320	26
45	270	275	45
80	190	215	60
100	90	134	81
58	32	T	94
16	16		

Abb.40

Oft werden bei den Subtraktionen der Einfachheit halber die Nullen durch waagerechte Striche ersetzt. Das „T“ in dem gezeigten Subtraktionsbeispiel in der Spalte von Spieler B bedeutet “Double Tops“ und ist ein gängiges Kürzel für „Rest 40“. Nur noch gelegentlich anzutreffende Kreuze vor oder hinter den Restpunktzahlen einer solchen Tafelrechnung bedeuten, dass die davor oder dahinter stehende Zahl doppelt zu nehmen ist (x16 oder 16x “Doppel 16“ gelesen). Diese Schreibweise ist jedoch gemäß §12.08 des BDO-Reglements (siehe S. 37) nicht zulässig, da von Seiten des Schreibers oder Schiedsrichters keine Hinweise auf den benötigten Doppelring gegeben werden dürfen.

Die häufig von Laien gestellte Frage, warum die Subtraktion der wesentlich leichter scheinenden Addition vorgezogen wird, ist einfach zu beantworten: bei der Addition müsste zusätzlich der verbleibende Rest in einem weiteren, zeitraubenden Rechenvorgang ermittelt werden, wohingegen die Restpunktzahl nach jeweils einmaligem Abzug auf Anhieb festzustellen ist.

Ein weiteres beliebtes Trainingsspiel ist die dem „501“-Spiel regelgleiche „301“-Variante. Hierbei muss das Spiel jedoch mit einem (beliebigen) Doppelring begonnen werden. In Mannschaftsspielen, an welchen vier oder sogar acht Spieler teilnehmen, geht man häufig auch von „801“ oder „1001“ aus. “Mammutsätze“ wie „100.001“ oder gar „1.000.001“ werden in Großbritannien gelegentlich im Rahmen karitativer Spendenaktionen ausgespielt.

Die „Bust"-Regel

Die „Bust"-Regel (S. 35) besagt, dass der gesamte Wurf eines Spielers nicht gewertet wird, wenn er mehr Punkte erzielt, als die vor dem Wurf verbleibende Restpunktzahl. In diesem Fall behält diese Restpunktzahl ihre Gültigkeit als Ausgangspunkt für den folgenden Wurf.

Abb. 41 Spannung beim Wettkampf (John Lowe)

VIII. Das Punkten und Beenden eines Spiels

Im Anschluss an das vorhergehende Kapitel möchte ich nun unter den Aspekten des „Punktens und Beendens" auf die „501"-Variante eingehen.

Der Traum eines Dartspielers ist verständlicherweise möglichst viele 180er-Würfe zu erzielen. Dies ist somit auch der Grund, warum das Segment der „20" das beliebteste auf dem gesamten Board ist. Diese Beliebtheit erklärt folglich auch, dass fast ausnahmslos alle guten, besseren und sehr guten Spieler auf dieses eingeübte und viel trainierte Segment fixiert sind und sich nur selten einmal dazu hinreissen lassen, während eines Satzes auch auf anderen Zahlenfeldern zu punkten.

Gerade bei Anfängern und schwächeren Spielern liegt hierin jedoch auch ein großer Nachteil. Über das verbissene Training auf die „20" und einige Lieblingsdoppel werden die übrigen Zahlen vergessen. Was nützt es schon, wenn man einen Schnitt von sechzig oder gar mehr erreicht und bei einem Rest von dreizehn Punkten nicht in der Lage ist, gezielt eine 1, 3, 5, 7, 9 oder 11 zu treffen.

An dieser Stelle möchte ich besonders an alle Anfänger appellieren, nicht dem Glauben zu verfallen, dass es ausreichend sei, nur auf der „20" Punkte erzielen zu können. Darum mein Rat: Zielt während eures Trainings von „Round the Clock" (s. S. 61) auf Singles, Doubles und Trebles und verschafft euch eine gewisse Flexibilität. Nur so kann man besser als die anderen werden. Dass man auch auf anderen Zahlen zu Ehren und Erfolg kommen kann, zeigt das Beispiel des André Declerq, einem belgischen Dartspieler, der weit über siebzigjährig mit seinen spektakulären Super-Würfen auf die 19 immerhin fünfmal belgischer Landesmeister wurde und auch sonst beachtliche Erfolge in internationalen Wettbewerben aufzuweisen hat.

Flexibilität ist ebenso erforderlich, wenn es um das Beenden eines Spiels geht. Für die meisten Spieler steht fest, dass Doppel 16 die ideale Ausgangsposition ist. Der Grund ist einleuchtend: Trifft man statt des Doppelringes das einfach zählende Segment, so verbleibt ein Rest von 16. Trifft man nun die einfache 8 statt des erforderlichen Doubles, so verbleibt Double 4. Diese wiederum reduziert sich bei erneutem Treffen des einfachen Segments auf Doppel 2 und letztendlich auf Doppel 1. Somit besteht bei einer Restpunktzahl von 32 die größte Wahrscheinlichkeit, bis zum Ende des Satzes auf einer geraden Zahl zu verbleiben. Diese Anmerkung möchte ich jedoch lediglich als einen Hinweis verstanden wissen, denn warum soll derjenige, der

Abb. 42 Finalspiel in Kopenhagen

einen ausgefalleneren Doppelring (z.B. 3, 5, 7 oder 15) bevorzugt, keinen Erfolg haben? Auch hier gilt: Beherrsche jeden Double, und du bist besser als die meisten anderen. Von nicht unbeachtlichem Vorteil ist auch eine Beherrschung der Trebles sowie des Bulls.

Allergrößtes Interesse sollte man vor allen Dingen der so genannten „Mathematik des Spiels“ widmen. Auch wenn dieser wissenschaftlich anmutende Begriff vielleicht ein wenig übertrieben scheint, weist er jedoch auf ein Vermögen hin, welches fast so wichtig ist, wie das eigentliche Werfen der Darts. Hierbei handelt es sich um den Vorgang des Kopfrechnens, der dem Spieler dazu dient, schon bei einer hohen Restpunktzahl zu wissen, welche Würfe er benötigt, um zu einem für ihn günstigen Rest zu kommen. Hauptsächlich Anfänger und rechenschwache Spieler sind sich ihrer Möglichkeiten, ein Spiel zu beenden, häufig nicht bewusst und spielen auch von einem Rest von 170 abwärts nur auf Punkte, um sich einem beliebigen Doppel auf irgendeine planlose Weise zu nähern. Dass sich, wenngleich auch nur selten erreicht, ein 170er Finish (T20, T20, B) im Rahmen der Möglichkeiten befindet, ziehen die Wenigsten in Betracht, und selbst bei einem Rest von 91 sieht man unerfahrene Spieler häufig immer noch auf die ein-

oder dreifache 20 punkten, anstatt mit T17, D20 ein schönes 2-Darts Finish zu versuchen. Mit dem vorhergehenden Beispiel möchte ich an alle appellieren, ihre Würfe im Voraus zu planen und auch eventuelle Risiken (z.B. Treffen eines Singles anstelle eines Trebles) von vornherein einzukalkulieren.

So genannte Game-, Shot- oder Check-out-Tabellen sind für geübte Spieler und Rechner überflüssig. Allen anderen jedoch können sie als Übergangslösung von großem Nutzen sein, sei es zum Auswendiglernen (besser wäre Rechentraining) oder zur vorläufigen Orientierung während des Spiels. Bei Letzterem sollte jedoch weder der eigene Spielfluss leiden, noch darf der Gegner aus seinem Spielrhythmus gebracht werden. Nachfolgend eine Aufstellung der mir am logischsten und einfachsten erscheinenden Check-outs:

Check-out-Liste für 2- und 3-Darts Finish

Hierbei steht „T" für Treble, „D" für Double und „B" für Bull's Eye.

„Vier Darts Finish" bedeutet, dass es nicht möglich ist, von der so bezeichneten Restpunktzahl aus das Spiel mit 3 oder weniger Darts zu beenden.

170 T20-T20-B
169 vier Darts Finish
168 vier Darts Finish
167 T20-T19-B
166 vier Darts Finish
165 vier Darts Finish
164 T20-T18-B
163 vier Darts Finish
162 vier Darts Finish
161 T20-T17-B
160 T29-T20-D20
159 vier Darts Finish
158 T20-T16-B
157 T20-T19-D20
156 T20-T20-D18
155 T20-T15-B
154 T20-T18-D20
153 T20-T19-D18
152 T20-T20-D16
151 T20-T17-D20
150 T20-T18-D18
149 T20-T19-D16
148 T20-T16-D20
147 T20-T17-D18
146 T20-T18-D16
145 T20-T15-D20
144 T20-T16-D18
143 T20-T17-D16
142 T20-T14-D20
141 T20-T15-D18
140 T20-T20-D10
139 T20-T13-D20

138 T20-T14-D18
137 T20-T15-D16
136 T20-T20-D8
135 T20-T13-D18
134 T20-T14-D16
133 T20-T11-D20
132 T20-T12-D18
131 T20-T13-D16
130 T20-T18-D8
129 T20-T11-D18
128 T20-D18-D16
127 T20-T17-D8
126 T19-T11D18
125 T20-T11-D16
124 T20-T16-D8
123 T19-T16-B
122 T20-T10-D16
121 T17-T18-D8
120 T20-S20-D20
119 T20-19-D20
118 T20-18-D20
117 T20-17-D20
116 T20-16-D20
115 T20-15-D20
114 T20-18-D18
113 T20-17-D18
112 T20-20-D16
111 T20-19-D16
110 T20-18-D16
109 T20-17-D16
108 T20-16-D16
107 T19-B
106 T20-14-D16
105 T20-13-D16
104 T20-12-D16
103 T20-11-D16
102 T20-10-D16
101 T17-B
100 T20-D20
99 T19-10-D16
98 T20-D19
97 T19-D20
96 T20-D18
95 T19-D19
94 T18-D20
93 T19-D18
92 T20-D16
91 T17-D18
90 T18-D18
89 T19-D16
88 T16-D20
87 T17-D18
86 T18-D16
85 T15-D20
84 T16-D18
83 T17-D16
82 T14-D20
81 T15-D18
80 T16-D16
79 T13-D20
78 T14-D18
77 T15-D16
76 T20-D8
75 T13-D18
74 T14-D16
73 T19-D8
72 D20-D16
71 T13-D16

70	T10-D20	**55**	15-D20
69	T11-D18	**54**	14-D20
68	T20-D4	**53**	13-D20
67	T17-D8	**52**	20-D16
66	T10-D18	**51**	19-D16
65	25-D20	**50**	B
64	T16-D8	**49**	17-D16
63	13-B	**48**	16-D16
62	T10-D16	**47**	15-D16
61	25-D18	**46**	14-D16
60	20-D20	**45**	13-D16
59	19-D20	**44**	12-D16
58	18-D20	**43**	11-D16
57	17-D20	**42**	10-D16
56	16-D20	**41**	9-D16

Abb. 43 J. Wilson: „Game Shot“

IX. Verschiedene Spiele auf dem Board

Ähnlich wie das Kegeln oder das Kartenspiel bietet auch der Dartsport außer den verbreiteten Standardspielen bzw. den offiziellen Wettkampfspielen, eine Vielzahl abwechslungsreicher weiterer Varianten. Das folgende Kapitel soll den Leser mit weiteren, insbesondere in England, populären Spielen auf dem London Board vertraut machen, die Garanten für Zeitvertrieb, Spannung und sinnvolles Training sind. Einige dieser Spiele haben ihren Ursprung in anderen Sportarten, was ihnen zweifellos einen zusätzlichen Reiz verleiht. Demjenigen, dem die im Folgenden aufgeführten Spiele nicht ausreichen, empfehle ich mein im gleichen Verlag erschienenes Buch: **60 Spiele auf dem London Board**.

Hier nun eine Auswahl von Spielen, deren Regeln leicht erlernbar sind und die von Spielern mit unterschiedlichsten Spielstärken durchgeführt werden können.

Der Beginner sämtlicher nachstehender Spiele wird jeweils durch Münzwurf oder Würfe auf den Bull ermittelt.

1. Round the Clock (Rund um die Uhr)

Round the Clock ist wohl das bekannteste Dartspiel nach „501". Beliebig viele Spieler können daran teilnehmen. Gespielt wird mit drei Darts. Ziel dieses Spiels ist es, als erster die Zahlen von 1 bis 20 der Reihenfolge nach zu treffen und dann das Spiel mit einem Treffer in den Bull (je nach Absprache innerer oder äußerer Bull oder beide) zu beenden. Trifft also ein Spieler die 1, wirft er mit dem nächsten Dart auf die 2 und so weiter. Trifft er seine Zahl aber nicht, so muss er solange auf diese werfen, bis er sie getroffen hat. Dann erst darf er zur nächsten Zahl übergehen.

Sehr gute Spieler (oder solche, die es werden wollen) spielen häufig „Round the Clock" nur auf Doubles oder sogar auf Trebles.

Eine regionale Bereicherung, die vorher unter den Spielern vereinbart werden muss, ist der so genannte „Soldier" (dt. Soldat), der die Funktion eines Bonus hat. Aus Manchester kommt diese Zusatzregel, nach der ein Spieler, der mit allen drei Darts eines Durchganges die mögliche Sequenz dreier aufeinander folgender Zahlen trifft (z.B. 1, 2, 3 oder 12, 13, 14 etc.), nochmals drei Darts auf die nächsten von ihm zu treffenden Felder werfen darf. „Round the Clock" kann auch als ideales Ein-Mann-Training gespielt werden.

2. Blind Killer (Blinder Mörder)

„Blind Killer“ ist umso interessanter, desto mehr Spieler daran teilnehmen. Jeder wirft mit drei Darts.

Die Zahlen von 1 bis 20 werden auf zwanzig Zettel oder Bierdeckel geschrieben und verdeckt in einem Behälter gemischt. Nun zieht jeder Spieler ein Los, dessen Nummer auf einem Doppelring auf dem Board steht. Diese Zahl hält man geheim, schreibt seinen Namen auf das Los und wirft es zusammengefaltet in einen zweiten Behälter. Auf diese Weise ist am Ende des Spiels kontrollierbar, wer welchen Double hatte, was Versehen sowie kleinere Mogeleien ausschließt.

Nachdem die Reihenfolge der Spieler durch Wurf auf den Bull festgelegt wurde, wirft jeder Spieler auf beliebige von ihm ausgesuchte Doubles in der Hoffnung, den eines Gegners zu treffen.

Auf der Tafel wird jeder Treffer auf einen Doppelring durch ein Kreuz neben der entsprechenden Zahl vermerkt. Bei drei Treffern wird diese ausgestrichen. Entspricht die Zahl eines dreimal getroffenen Doppelrings der Nummer der Loskarte eines Spielers, so muss dieser sich melden und aus der Runde ausscheiden.

Sieger ist derjenige, dessen Doppelring bis zuletzt übrig bleibt. Als taktischen Zug sieht man häufig, dass Spieler bei fortgeschrittenem Spiel Würfe auf ihren eigenen Double vortäuschen, um die Gegner auf diese Weise zu verwirren.

Abb. 44

3. Halve it (Halbieren)

In der Standardversion sieht das Scoreboard aus, wie es die Abbildung 45 zeigt. Der Phantasie der Spieler, andere Zahlenkombinationen aufzustellen, sind jedoch keine Grenzen gesetzt.

Es wird mit drei Darts pro Spieler geworfen.

Auf dem Scoreboard steht „D“ für jeden beliebigen Doppelring, „T“ für jeden beliebigen Treble, sowie“„B“ für Bull (äußerer = 25 Punkte, innerer = 50 Punkte).

Die Spieler werfen nun der Reihe nach ihre drei Darts auf die erste Zahl (hier: 12), wobei Doubles und Trebles auch doppelten beziehungsweise drei fachen Wert besitzen. Nach der 12 geht man auf die 13 usw. über. Die nach jeweils drei geworfenen Darts erzielten Punkte werden auf dem Scoreboard gutgeschrieben.

	A	B	C	D
12	24	12	*	12
13	50	25	13	38
14	78	67	27	66
D	118	34*	14*	68
15	148			
16				
17				
T				
18				
19				
20				
B				

Abb. 45

Punktet ein Spieler auf dem vorgegebenen Feld jedoch überhaupt nicht, so wird sein bisheriger Gesamtpunktsstand halbiert, wobei es bei ungeradem Punktstand regional unterschiedlich gehandhabt wird, ob ab- oder aufgerundet wird (z.B. 47 halbiert = 23 oder 24). Häufig entscheiden bei „Halve it“ erst die letzten Versuche auf den Bull, und selbst ein Spieler, der vor seinen letzten drei Würfen mit 298:0 führt, kann - vorausgesetzt er trifft keinen Bull - theoretisch noch verlieren, wenn sein Gegner dreimal ins „Rote“ trifft.

4. Mickey Mouse

Mickey Mouse wird bei ebenbürtigen Gegnern gewöhnlich durch die geschicktere Taktik entschieden, weshalb das Spiel in Großbritannien und den USA auch unter dem Namen „Tactics“ bekannt ist.

An dem Spiel nehmen zwei oder vier (Doppel) Spieler teil. Die Zahlen von 20 bis 11 werden von oben nach unten auf das Scoreboard geschrieben, wobei der Bull am unteren Ende der Reihe steht. Doubles und Trebles besitzen bei „Mickey Mouse“ auch doppelten und dreifachen Zählwert. Gespielt wird mit drei Darts. Der Beginner versucht eine Zahl für sich zu “eröffnen“, d.h. sie dreifach zu treffen, sei

A			B	
40	xxx	20	xx	14
	xxx	19		
		18	xx	
		17		
	x	16		
		15		
	xx	14	xxx	
		13		
		12		
	xxx	11		
		B		
		D		
		T		

Abb. 46

es mit einem Treble, einem Double und einem Single oder mit drei Singles. Jeder weitere Treffer auf diese Zahl erbringt die entsprechende Punktzahl.

Hat Spieler A eine Zahl für sich eröffnet, so kann er nun auf dieser punkten. Spieler B hat jetzt die Möglichkeit, eine freie Zahl, d.h. eine Zahl, die A bisher weniger als dreimal getroffen hat, für sich zu eröffnen, oder aber ein bereits von A eröffnetes Feld durch drei Treffer seinerseits zu „töten", was bedeutet, dass A auf dieser Zahl nicht mehr punkten kann.

Eine Zahl, die von beiden Spielern dreimal getroffen wurde, wird auf dem Scoreboard durchgestrichen oder auf der Tafel ausgewischt und scheidet aus dem Spiel aus. Typisch für ein „Mickey Mouse" Spiel wäre zum Beispiel A: D 19, S 19 (somit 19 eröffnet) D 19 = 38 Punkte auf dem Scoreboard. B: 19, D 19 (somit 19 „tot"), T 12 (somit 12 eröffnet). Gelegentlich sieht man, dass Double und Treble zusätzlich als eigene Zahlenfelder auf dem Scoreboard erscheinen (Abb. 46). Sie werden dann zumeist zwischen der 20 und dem Bull integriert.

Das Spiel ist beendet, wenn sämtliche auf dem Scoreboard befindlichen Felder „tot" sind, d.h. von beiden Spielern dreifach getroffen wurden, oder der sich im Rückstand befindliche Spieler keine Möglichkeit mehr hat, selbst zu punkten. Sieger ist, wer am Ende die meisten Punkte hat.

5. Set the Mark (Setz das Zeichen)

„Set the Mark" ist ein Spiel, das umso interessanter ist, je mehr Spieler daran teilnehmen. Gespielt wird mit drei Darts. Jeder Spieler hat fünf „Leben", von denen er bei Nichterfüllung seiner Aufgabe jeweils eines verliert. Dies geschieht, indem er neben seinem Namen auf dem Scoreboard ein Kreuz erhält. Wer alle "Leben" (d.h. 5 Kreuze) verloren hat, scheidet aus der Runde aus. Sieger ist, wer am Ende als letzter übrig bleibt.

Als Treffflächen zählen bei „Set the Mark" sämtliche durch Draht umschlossene Stellen, worunter auch die um die Felder herum angebrachten Nummern des Zahlenkranzes fallen. Dies wären also: sämtliche Nullen, die Bögen der Sechsen und Neunen, die Schleifen der Achten, sowie der obere Teil der Vieren. Die übrigen Felder werden in Doubles, Trebles, kleine Singles, große Singles äußerer und innerer Bull unterteilt (Abb. 47).

Abb. 47 Auch die weißen Segmente zählen bei diesem Spiel

Der Beginner des Spiels setzt das erste „Zeichen“, d.h. er markiert eine für den Gegner möglichst schwer zu treffende Stelle durch einen Wurf auf das Board. Beim Versuch, ein Zeichen zu setzen, darf sich der Spieler zwei Fehlwürfe, d.h. Würfe, die die gültige Trefffläche nicht erreichen, leisten. Der dritte Dart muss jedoch eines der oben aufgezeigten gültigen Felder oder eine der durch den Draht umschlossenen Zahlen treffen, da sonst der zweite Spieler an die Reihe kommt und Spieler Nummer eins durch den Verlust eines „Lebens“ bestraft wird. Ist es Nummer eins jedoch gelungen ein „Zeichen“ zu setzen, so behält er seine „Leben“! Der zweite Spieler muss nun versuchen, das von seinem Vorgänger vorgegebene „Zeichen“ ebenfalls zu treffen. Gelingt ihm dies mit seinem ersten oder zweiten Dart, so behält er seine „Leben“ und darf mit zwei beziehungsweise einem verbleibenden Dart das nächste „Zeichen“ setzen. Trifft er erst beim dritten Versuch, so behält er zwar seine „Leben“, muss jedoch das Setzen eines neuen „Zeichens“ dem nachfolgenden Spieler überlassen. Trifft er das Ziel auch nicht mit dem dritten Dart, so erhält er ein Kreuz, was den Verlust eines „Lebens“ bedeutet. Das nicht getroffene “Zeichen“ gilt nun auch für die nachfolgenden Spieler solange, bis es getroffen wird, höchstens jedoch bis der Spieler, der dieses „Zeichen“ setzte, wieder an die Reihe kommt. Er darf, wenn die Aufgabe von keinem gelöst wurde, auch das nächste „Zeichen“ setzen.

6. Noughts and Crosses (Nullen und Kreuze/Käsekästchen)

„Noughts and Crosses“ wird von zwei Spielern mit jeweils drei Darts gespielt. Die Austragung eines Doppels ist jedoch auch hier möglich. Das hier beschriebene Spiel ist eine Abwandlung des uralten, noch heute sehr beliebten „Käsekästchens“, bei welchem ein Spieler drei Kreuze und sein Gegner drei Kreise auf einem neun Quadrate enthaltenen Spielfeld entweder vertikal, horizontal oder diagonal in einer ununterbrochenen Reihe einzutragen versucht.

7	12	15
3	B	9
6	1	10

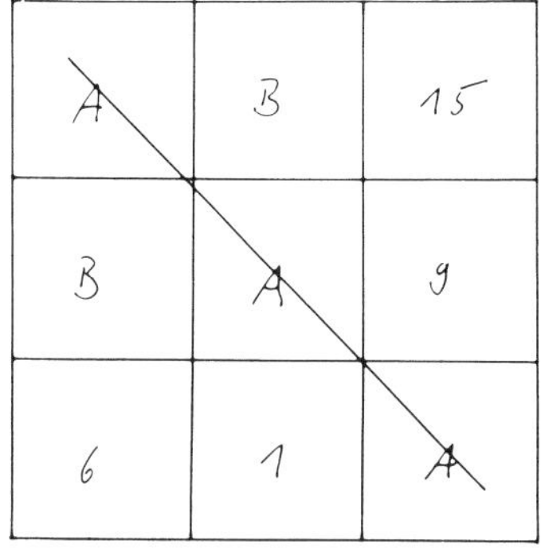

Abb.48/49 **vorher** **nachher**

Auf das Dartboard übertragen sieht dieses Spiel wie folgt aus: Eine aus drei mal drei gleich großen viereckigen Feldern bestehende Spielfläche wird an die Tafel gezeichnet. In jedes der so entstandenen Quadrate wird eine beliebige Zahl von 1 bis 20 eingetragen (in einer regionalen Variante befindet sich der Bull grundsätzlich im mittleren Quadrat). Nun versuchen die Spieler, die jeweiligen Doppelringe der auf der Tafel eingetragenen Zahlen zu treffen. Trifft ein Spieler einen dieser Doubles, so wird die entsprechende Zahl ausgewischt und durch den Anfangsbuchstaben des Namens des Spielers ersetzt. Sieger wird bei „Noughts and Cosses“, wem es als ersten gelingt, seine Initiale in einer ununterbrochenen Linie entweder waagerecht, senkrecht oder diagonal auf dem Scoreboard unterzubringen. Selbstverständlich können bei diesem Spiel statt der zu treffenden Doubles auch Singels oder Trebles verwendet werden.

7. Football

In diesem Spiel geht es, wie es bei „König Fußball“ nun mal üblich ist, um das „Tore schießen“. Zum Glück braucht man hierbei nicht unbedingt 22 Akteure, sondern es können beliebig viele Spieler sein, die in zwei Mannschaften aufgeteilt werden. Jeder Spieler hat pro Durchgang nur einen Dart zur Verfügung.

Die Spieler beider Mannschaften werfen nun abwechselnd auf den Bull (äußerer oder innerer). Gelingt es einem Spieler der Mannschaft A diesen zu treffen, so bringt er sein Team in „Ballbesitz“. Erobert sich das gegnerische Team den „Ball“ beim nächsten Wurf nicht zurück, so kommt der nächste Spieler der Mannschaft A in „Schussposition“, d.h. er versucht einen beliebigen Doppelring zu treffen. Gelingt ihm dies, so hat er ein „Tor“ für seine „Vereinskameraden“ erzielt. Danach hat wieder Mannschaft B einen Wurf.

Mannschaft A bleibt solange in „Schussposition“, bis es Mannschaft B gelungen ist, durch einen Treffer des Bulls selbst wieder in „Ballbesitz“ zu gelangen.

8. Shandy-Special

Das folgende Trainingsspiel wurde von meinem ehemaligen Vereinskameraden Dr. Günter Röbbeling (vielen Dartfreunden besser unter dem Pseudonym „Shandy“ bekannt) entworfen. Ich bedanke mich bei ihm für das mir übertragene Recht zur Veröffentlichung. Dass nicht nur traditionsreiche Spiele, sondern auch Neuerfindungen viel Spaß bereiten können, wird dieses Spiel jeden erkennen lassen, der sich einmal daran versucht!

„Shandy-Special“ verbindet das Werfen auf bestimmte Felder (Single, Double und Treble) mit dem Punkten. Es besteht aus drei miteinander verbundenen Abschnitten. Zunächst muss der Reihe nach Single 1 bis 20 getroffen werden, und zwar möglichst im ersten Wurf (ein Wurf = drei Darts), wenn man keinen Punktabzug in Kauf nehmen will.

Trifft man mit dem ersten Dart, wird mit den zwei verbleibenden auf beliebige Punktejagd gegangen; trifft man mit dem zweiten Dart, verbleibt einem noch einer, um zu punkten. Wenn erst der dritte Dart zum Erfolg führt, hat man die Aufgabe zwar gelöst, erhält dafür jedoch keinen Punkte. Braucht man mehr als drei Darts, wird jeder nicht erfolgreiche Wurf (= drei Darts) mit dem Abzug der Punktzahl bestraft, die man als „Pflichtwurf“ zu erzielen hatte.

Beispiel: Man ist bei Single 5 angelangt und trifft erst mit dem sechsten Dart = fünf Punkte Abzug (1 Fehlwurf); Treffer mit dem siebten Dart = 10 Punkte Abzug (2 Fehlwürfe); Treffer mit dem siebzehnten Dart = 25 Punkte Abzug (5 Fehlwürfe).

Man beginnt mit der Punktzahl 1, damit man sich auf Single 1 einen Fehlwurf leisten kann, da das Spiel bei einer Gesamtpunktzahl unter Null beendet ist.

Hat man den Single-Parcour hinter sich gebracht, geht man zu den Doppelringen über. Die bislang erzielten Punkte werden übernommen und (meist leider) im „Normalfall" nun nach und nach abgebaut, obgleich bei einem Treffer mit dem ersten oder zweiten Dart weiter wie bisher Punkte erzielt werden können.

Wird auch die Double-Runde mit einem positiven Punktstand absolviert, kommen im dritten Durchgang die Trebles an die Reihe. Double- und Treblefelder sind nicht nur deshalb schwieriger, weil die zu treffenden Felder kleiner sind als die der Singles, sondern auch, weil für jeden misslungenen Wurf die doppelte bzw. dreifache Zahl des Singlefeldes abgezogen werden muss. Also: Trifft man Double 10 erst mit dem 11. Dart, verliert man 3 x **20** = 60 Punkte. Trifft man Treble 20 erst mit dem 16. Dart, kommen 5 x **60** = 300 Punkte zum Abzug. Die einzelnen Würfe müssen in der Praxis natürlich nicht (wie hier in den Erläuterungsbeispielen) notiert werden. Bei längeren Fehlwurfserien empfiehlt sich allerdings eine Strichliste.

9. Shanghai

An „Shanghai" können beliebig viele Spieler teilnehmen. Jeder Wurf besteht aus drei Darts.

Das Spiel wird mit einem Wurf (= 3 Darts) auf die 1 begonnen. Die erzielte Gesamtpunktzahl wird auf dem Scoreboard festgehalten. Danach gehen die Spieler zur 2, dann zur 3 usw. bis zur 7 einschließlich über. Der Spieler, der die meisten Punkte erzielt, gewinnt.

Ein vorzeitiges Ende des Spiels wird jedoch erreicht, wenn es einem Spieler gelingt, ein „Shanghai" (d.h. Single-, Double- und Treblefeld ein und derselben Zahl) zu werfen. Die übrigen Spieler der Runde, sofern sie noch nicht an der Reihe waren, haben nun eine letzte Möglichkeit, ihrerseits ein „Shanghai" auf der gerade anstehenden Zahl zu erzielen. Gelingt dies einem oder mehreren Spielern, so wird das Spiel fortgeführt.

Selbstverständlich kann „Shanghai“ auch bis 9, 11 oder gar noch weiter gespielt werden.

Eine andere interessante Variante ist es, „Shanghai“ so zu spielen, dass Werfer, die eine der zu treffenden Zahlen gänzlich verfehlen, aus der Runde ausscheiden.

10. The Colander (Das Sieb)

Dieses Spiel zeigt, dass auch einfache Hilfsmittel dazu verwendet werden können, eine neue, abwechslungsreiche Variante auszuprobieren.

Ein Stück Papier wird auf ein Maß zwischen 5 cm^2 und 7 cm^2 zurechtgeschnitten.

Der beginnende Spieler spießt das so zugeschnittene Blatt in der Mitte auf den Dart und wirft diesen auf eine beliebige Stelle des Boards.

Jedem weiteren Spieler stehen nun zwei Darts zur Verfügung, die er nach Möglichkeit innerhalb des an dem Board angebrachten Blattes unterbringen soll.

Bei „Colander“ kann jeder gegen jeden spielen oder es werden zwei zahlenmäßig gleichstarke Mannschaften gebildet.

Sieger ist der Spieler oder die Mannschaft, die nach Ablauf einer vor Spielbeginn vereinbarten Anzahl von Runden die meisten Darts innerhalb der Papierfläche untergebracht hat.

Abb. 50
Cliff Lazarenko
beim Wurf

X. Psyche und Physis des Dartspielers

Eine Vielzahl verschiedenster Aspekte beeinflusst das körperliche und seelische Befinden eines Dartspielers sowie dessen Spiel. Im Folgenden gehe ich auf einige Punkte ein, die oft entscheidend zu Sieg oder Niederlage beitragen.

Körperliches Wohlbefinden

Voraussetzung für eine gute Leistung ist beim Dartsport - wie auch sonst - eine einwandfreie gesundheitliche Verfassung. Schon eine mittelstarke Erkältung kann einen Spieler beim Wettbewerb „aus dem Rennen werfen".

Der zusätzliche Einfluss von Medikamenten kann zur teilweisen oder totalen Spielunfähigkeit führen. Jeder Spieler sollte sich also vor einem Wettbewerb die Frage stellen, ob sein derzeitiger gesundheitlicher Zustand einen stundenlangen Aufenthalt in einem sauerstoffarmen Raum mit hohem Geräuschpegel rechtfertigt und ob er seine „Normalleistung" erreichen kann.

Alkohol

„Schnaps, das war sein letztes Wort, dann trugen ihn die Englein fort." Ganz so weit braucht es gar nicht zu kommen, um einen Spieler als „wettkampfunfähig" bezeichnen zu können. Das durch Alkohol provozierte „Aus" in einem Wettbewerb ist nicht nur eine persönliche Blamage, sondern auch eine schlechte Werbung für den Dartsport. Niemand möchte, dass Dartspieler hierzulande als „pfeileschmeißende Säufer" betrachtet werden. Leider habe ich selbst miterleben müssen, dass betrunkene Darter an einem offiziellen Mannschaftswettbewerb teilnahmen. Ihre Vorstellung war mehr als peinlich. Zugegeben, ein Alkoholverbot für Dartspieler wäre lächerlich und ebenso sinnlos, aber: Auf die „Dosis" kommt es an. Alkohol ist kein Zielwasser. Während Bierglas und Zigarette vor Jahren noch scheinbar unverzichtbare „Ausrüstungsbestandteile" vieler Dartspieler waren, sind diese inzwischen bei allen offiziellen Wettkämpfen im unmittelbaren Bereich der Spielfläche streng untersagt.

Ein wenig Alkohol kann durchaus beruhigende Wirkung auf ein schwaches Nervenkostüm haben. Freilich ist die Versuchung, einen über den Durst zu trinken, umso größer, je länger die Wartezeit und die damit verbundene nervliche Belastung während eines Turniers ist. Aber man sollte immer daran denken: Ein Glas zuviel und die Gewinnchancen sind gleich Null (es sei denn, der Gegner ist auch blau)!

Abb. 51 Leighton Rees mit „Zielwasser"

Kleidung

Auch wenn es manchem auf den ersten Blick so scheint, als gehöre dieser Punkt nicht hierher, sollte er sich dennoch vom Gegenteil überzeugen lassen.

Die Kleidung eines Spielers ist von allergrößter Wichtigkeit. Beginnen wir mit dem Schuhwerk: Jedem dürfte klar sein, dass enge und drückende Schuhe hinderlich sind. Dass auch die Höhe der Absätze und die Dicke der Sohlen nicht unbedeutend sind, leuchtet spätestens dann ein, wenn man sich klar macht, dass dadurch „Höhenunterschiede" bis zu fünf Zentimetern auftreten können. Zweifellos bekommt der Spieler, der an einem Tag in absatzlosen Sandalen und am nächsten Tag in hohen Clogs vor das Board tritt, gewisse Schwierigkeiten - verändert sich doch mit der Höhe der Absätze gleichzeitig auch das Verhältnis zwischen Augenhöhe des Spielers und Höhe des Boards. Um solche Schwierigkeiten zu vermeiden, empfehle ich die Anschaffung bequemer, flacher Lederschuhe, die ausschließlich zum Dartspielen verwendet werden.

Kein sonderliches Problem stellt gewöhnlich die Beinbekleidung dar. Dass hautenge Röhrenjeans ebenso ungeeignet sind wie Trägerlatzhosen versteht sich von selbst.

Als Oberbekleidung empfehlen sich T-Shirts, Sweat-Shirts und bequeme Oberhemden. Bei all diesen Bekleidungsstücken ist darauf zu achten, dass sie weder zu eng, noch zu weit sind. Besonders wichtig ist vor allen Dingen eine ausreichende Achselfreiheit. Zum Dartspielen ungeeignet sind Rollkragenpullover und Jackets.

Eine schöne Sache sind Dartshirts, sportliche T- oder Sweat-Shirts mit aufgesticktem Vereinsemblem, Namenszug oder einem Aufdruck nach Wahl. Ein komplettes Team in uniformer Bekleidung gibt nicht nur ein schönes Bild ab, sondern stärkt auch das Zusammengehörigkeitsgefühl der einzelnen Spieler.

Bei allen DDV-Turnieren müssen die Spieler schwarze Stoffhosen tragen (Damen auch Röcke). Bei Bundesligaspielen gilt Trikotpflicht.

Innere Vorbereitung und praktisches Training

Eine deutsche Meisterschaft oder ein anderes großes Turnier ist für einen Dartspieler immer etwas Reizvolles. Die spannungsgeladene Atmosphäre, das Treffen alter Bekannter, die Hoffnung, selbst einmal „ganz oben" mitmischen zu können, und natürlich das Lampenfieber; dies alles kann dazu beitragen, die Nerven eines Spielers auf das Äußerste zu strapazieren. Aber gerade Nervosität ist etwas, was sich nicht besonders positiv auf die Leistung auswirkt. Wie oft habe ich bereits gegen schwache Gegner verloren, weil mich plötzlich „das große Flattern" überkam und es mir nicht mehr gelang, die Darts ruhig und konzentriert zu werfen. Ruhe und Gelassenheit kommen nicht nur einem selbst zugute, sondern beeindrucken häufig auch den Gegner. Auf der anderen Seite erkennt dieser wiederum seine Chance, wenn er bemerkt, dass seinem Gegner bereits Knie und Hände vor Aufregung schlottern.

Ein gezieltes Training auf einem Übungsboard kann vor dem Turnierbeginn bereits eine gewisse Beruhigung verschaffen. Nicht umsonst stehen viele Profis bereits zwei Stunden vor Veranstaltungsbeginn vor den Trainingsboards, um sich einzuspielen.

Auch am Vortag sollte man sich bereits auf das kommende Ereignis einstimmen. Hierzu sind zwei bis drei Stunden Training von großem Nutzen. Übermäßiger Alkoholgenuss sollte tunlichst vermieden und der Abend nicht zu lang werden. Acht bis zehn Stunden Schlaf sind Balsam für die Nerven und eine Dusche sowie ein gutes Frühstück verkürzen die Zeit bis zum Turnierbeginn.

Unklug ist es, erst am Tag der Austragung zu einem entfernt gelegenen Wettbewerb anzureisen. Stress und die geforderte Konzentration auf der Autobahn fordern den Spieler zu stark und lassen ihn später nur schwer die nötige Ruhe finden.

Wenn die ersten Spiele beginnen und man selbst noch nicht an der Reihe ist, tut man gut daran, noch ein wenig zu trainieren oder sich anderweitig abzulenken. Den kommenden Gegner zu studieren oder das spannende Spiel eines Freundes zu beobachten, halte ich persönlich für nicht sehr gut, wenn man Probleme mit den eigenen Nerven hat.

Bevor man selbst vor das Board tritt, sollte man schnell noch dafür sorgen, dass die Finger nicht zu kalt sind. Im Winter ist dies gerade in schlecht geheizten Räumen ein großes Problem. Dagegen hilft ein kurzes Aufwärmen über einer Kerzen- oder Streichholzflamme.

Erweist sich ein Gegner als scheinbar schwach, darf man nicht dem fatalen Fehler verfallen, leichtsinnig zu werden und seine eigene Leistungsfähigkeit nicht voll auszuschöpfen. Wer z.B. als Mann gegen eine Frau im sicheren Siegesbewusstsein an das Board tritt, sollte sich nicht wundern, wenn sein Spiel alles andere als planmäßig verläuft. Mein Tipp: Spiel auch gegen einen Anfänger so, als sei er ein Profi, und dies auch dann, wenn du glaubst, du könntest gar nicht verlieren.

Ist der Gegner jedoch stärker, sollte man die Flinte nicht gleich ins Korn werfen. Jedes Spiel ist erst zu Ende, wenn der erforderliche abschließende Doppelring getroffen wurde, und ob der andere Spieler die Doubles genauso gut beherrscht wie vielleicht die Treble 20, weiß man erst, wenn das Spiel zu Ende ist. Und noch etwas: Während eines Spiels sollte man weder an das vorherige noch an das nächste denken, sondern sich auf den Moment des Wurfes im ständigen Bewusstsein konzentrieren, dass einer 26 schon im nächsten Wurf eine 180 folgen kann.

XI. Die Vereinsgründung

Die folgenden Zeilen sollen dazu dienen, denjenigen Anregungen zu geben, die sich mit dem Gedanken tragen, ihren Dartclub in das Vereinsregister eintragen zu lassen.

Ich glaube als Mitbegründer zweier Vereine auf diesem Gebiet etwas Erfahrung zu besitzen, um in der Lage zu sein, den zahlreichen Unschlüssigen einige wertvolle Hinweise geben zu können

Während das Team oder der Club Oberbegriff für einen losen Zusammenschluss mehrerer Anhänger ein und derselben Sache ist, beginnt spätestens bei der Vereinsgründung die Übernahme einer nicht zu unterschätzenden Verantwortung, die mit der Bindung an eine gerichtlich begutachtete Satzung in engem Zusammenhang steht. Vor einer solchen, manchmal folgenschweren Entscheidung, sollten Vor- und Nachteile gewissenhaft abgewogen werden. Wer sich zu diesem Schritt entschließt, ohne die dazugehörende Mehrarbeit und Verantwortung in Kauf zu nehmen, begeht einen leichtfertigen Fehler. Wo keine kompetenten Führungskräfte vorhanden sind, hat ein Verein keine Zukunft.

Bei einer Eintragung in das Vereinsregister erweisen sich der mögliche Anschluss an den Deutschen Dart Verband, die Zulassung zu bestimmten Wettbewerben, an denen nur eingetragene Vereine beziehungsweise deren Mitglieder teilnehmen dürfen, sowie Rechtsbeistand in eventuellen Streitfragen und Prozessen als ausschlaggebende Vorteile.

Schwerwiegende Nachteile hingegen sind zumeist finanzielle Aspekte, wie hohe Eintragungsgebühr, Änderungsgebühren bei Umbesetzungen im Vorstand oder bei Satzungsänderungen sowie die Übertragung des Vereinskapitals an eine gemeinnützige Organisation im Falle der Auflösung, wobei Letzteres natürlich kein Nachteil sein muss. Alles in allem unterliegt die Entscheidungsfreiheit nach einer Einschreibung in das Vereinsregister verschiedenen rechtlichen und satzungsbedingten Einschränkungen.

Warnen möchte ich vor einer überstürzten Vereinsgründung. Die zukünftigen Mitglieder sollten sich schon gut kennen, damit eine Vertrauensbasis zu fruchtbarer Zusammenarbeit gegeben ist. Der in Frage kommende Vorstand sollte sich der auf ihn zukommenden Arbeit bewusst und auch fähig sein, das begonnene Werk Erfolg versprechend fortzuführen. Bei der Vorstandswahl sollten die Stimmen nicht nur aus Sympathie für eine bestimmte Person abgegeben werden. Vielmehr sollte die Kompetenz der zukünftigen Amtsträger und

Abb. 52 Trainingseifer

ihre Fähigkeit, zielstrebig zu arbeiten, in Betracht gezogen werden. Und noch etwas: Zur Gründung eines Vereins müssen *mindestens* sieben Mitglieder vorhanden sein.

Ist die Vereinsgründung beschlossene Sache, geht es an die Ausarbeitung der Satzung. Mitglieder, die sich im Vereinsrecht gut auskennen, können dies selbst in die Hand nehmen, ansonsten ist es angebracht, einen Juristen zu Rate zu ziehen. Um Zeit und Geld zu sparen hilft es oft, die Satzung eines bereits eingetragenen Vereins als Vorlage zu verwenden.

Als gemeinnützige Organisation, welcher das Vereinskapital im Falle einer Auflösung zufällt, können beispielsweise der DDV, die Deutsche Sporthilfe oder das Deutsche Rote Kreuz angegeben werden.

Der Vorstand

Der Vorstand sollte sich aus drei bis fünf ehrenamtlichen Mitarbeitern zusammensetzen. Günstig ist eine ungerade Zahl, um eine eventuelle Stimmengleichheit bei Abstimmungen über wichtige Fragen zu vermeiden.

Wichtige Ämter im Dartverein sind z.B.: Präsident (beziehungsweise 1. Vorsitzender), Kassenwart, Mannschaftskapitän, Organisator (beziehungsweise Schriftführer), 2. Vorsitzender.

Das Amt des 2. Vorsitzenden, der den Präsidenten in dessen Abwesenheit zu vertreten hat, kann auch einem der übrigen Vorstandsmitgliedern übertragen werden.

Die Aufgaben des Vorstands

Der 1. Vorsitzende hat die Interessen des gesamten Vereins nach innen sowie nach außen hin zu vertreten. Für ihn ist es vorteilhaft, sich im Vereinsrecht auszukennen. Er sollte in der Lage sein, dem Verein auch in Rechtsfragen mit Rat und Tat zur Seite zu stehen, bzw. sie gegebenenfalls bei einem Rechtsanwalt oder einem Notar erledigen zu lassen.

Der Kassenwart hat die Aufgabe, die Finanzen des Vereins zu verwalten und Ausgaben und Einnahmen zu registrieren. Grundkenntnisse in Buchhaltung müssen vorhanden sein oder erworben werden. Er muss einmal im Jahr Rechenschaft ablegen und z.B. säumige Mitglieder mahnen. Üblicherweise wählt man zwei Kassenprüfer, die die Arbeit des Kassenwarts von Zeit zu Zeit überwachen. Sie gehören jedoch nicht dem Vorstand an. Der Kassenwart muss seine Arbeit mit allergrößter Sorgfalt verrichten. Gelegentliche Überprüfungen seiner Buchführung durch Vorstand oder Kassenprüfer sind zulässig und durchaus im Rahmen des Üblichen.

Der Mannschaftskapitän, auch Teamcaptain genannt, ist für die Aufstellung der Mannschaft bei Wettbewerben und Freundschaftsspielen verantwortlich. Er muss das Wettkampfgeschehen beobachten und die in Frage kommenden Mitglieder des Vereins zu den Wettbewerben nominieren und benachrichtigen. Dabei vertritt er die Interessen des Vereins im rein sportlichen Bereich. Motivierungskraft und Regelkenntnisse müssen darum zu seinen besonderen Eigenschaften gehören. Taktik und eine richtige Einschätzung des Gegners sind ebenso wichtig.

Der Organisator oder Schriftführer hat die Aufgabe, vereinsinterne Verbesserungen auszuarbeiten und mit Zustimmung der anderen Vorstandsmitglieder durchzuführen. Außerdem har er Kontakt zu anderen Vereinen aufzubauen und zu pflegen. Ihm unterliegen der gesamte Schriftverkehr sowie die technische Durchführung von Wettbewerben und Turnieren in eigenen Verein.

Der Organisator sollte sich durch Kreativität, Diplomatie, geschickte Planung und die Fähigkeit, das Notwendige im Griff zu behalten, auszeichnen.

Ich hoffe all denen, die sich mit dem Gedanken einer Vereinsgründung tragen, hiermit ein wenig geholfen zu haben. Wer sich mit den in diesem Kapitel geäußerten Gedanken und Hinweisen genügend auseinandergesetzt und die Vor- und Nachteile abgewogen hat, dürfte bei seiner weiteren Planung keinen allzu großen Schwierigkeiten begegnen.

Dennoch möchte ich abschließend noch einmal davor warnen, Entscheidungen zu überstürzen. Man erspart sich eine Menge unnötiger Arbeit, Ärger und finanzielle Einbußen, wenn man die Vereinsgründung erst dann vornimmt, wenn sie auf Grund der regelmäßig stattfindenden Aktivitäten wirklich notwendig ist.

Abb. 53 Denmark Open

XII. Die Internationale Dartszene

Zu dominierend sind die Briten derzeit noch auf dem Gebiet des Dartsports, als dass irgendein anderes Land der Erde aus dem Schatten des Union Jacks heraustreten könnte. Dennoch greift das Dartfieber unaufhaltsam um sich, und der Tag ist abzusehen, an dem es auch die entlegenste Ecke unseres Globus erreicht haben wird. Jeder der fünf Kontinente hat bereits seine Darthochburgen, wenngleich sich diese zumeist auf Mitteleuropa, die Vereinigten Staaten und Kanada verteilen.

In Europa ist England sowohl leistungs- als auch zahlenmäßig die unangefochtene Nr. 1. Geschätzte 1,5 Millionen Spieler und annähernd 60.000 verbandsmäßig organisierte Mitglieder lassen verstehen, warum sich der Rest Europas vor eine schwere Aufgabe gestellt sieht. Hinzu kommen noch einmal 14.000 Mitglieder des schottischen und 2.000 Mitglieder des walisischen Dachverbandes. Dazu gesellen sich einige tausend Spieler in beiden Teilen Irlands, was die Inseln in der Nordsee in den letzten beiden Jahrzehnten geradezu übermächtig erscheinen ließ. Doch was vor Jahren noch niemand so recht glauben wollte, ist inzwischen Wahrheit geworden: Die Konkurrenz in Mittel- und Nordeuropa ist aus ihrem Dornröschenschlaf erwacht, und somit tauchen seit einiger Zeit auch niederländische und skandinavische Namen in den europäischen Ranglisten auf.

Abb. 54 Weltstar A. Evans

Die Niederlande mit mehr als 44.000, Deutschland mit 11.000 und Dänemark mit 10.000 Dartspielern in den jeweiligen nationalen Dachverbänden sind ein Beweis für die Popularität des Dartsports in Europa. Fünfstellige Spielerzahlen gibt es auch in Belgien, Frankreich und Finnland.

Österreich und die Schweiz bemühen sich ebenfalls darum, die Dartszene in ihren Ländern zu organisieren.

Im Vergleich zu den genannten Ländern ist es dem Dartsport in Südeuropa bis heute noch nicht gelungen, nachhaltig auf sich aufmerksam zu machen. Spanien und Italien haben aber bereits ebenso nationale Dachverbände wie Malta, Zypern und Gibraltar.

Seit dem Niedergang des Kommunismus hat Darts auch eine Chance in den Ländern des ehemaligen Ostblocks. Obwohl es damals höchstens 100 Dartspieler im ganzen Land gab, existierte bereits eine Bulgarian Dart Federation. Auch in der Tschechischen Republik ist der Sport organisiert. In Russland gibt es mehr als 10.000 Dartspieler, von denen immerhin 2.000 Mitglieder in der Russian Darts Federation sind. Auf dem afrikanischen Kontinent wird u. a. in Zimbabwe, Uganda und Namibia Dart gespielt. In Kenia, wo es schätzungsweise 15.000 Dartspieler gibt, sind über 5.000 Aktive der Kenya Darts Association angeschlossen.

Abb. 55 Fairness ist Trumpf

Auch in Asien ist Darts weit verbreitet. Dartspielende Länder sind dort u. a. Japan, Hong Kong, Thailand, Singapur und Malaysia. Als mehrfacher Gewinner des Asia Cups zählen die Philippinen zu den leistungsstärksten Nationen des Kontinents.

In Australien untersteht die Organisation des Dartsports der Darts Federation of Australia. Im benachbarten Neuseeland verfügt der 1955 gegründete New Zealand Dart Council über rund 7.000 Mitglieder.

Auf dem amerikanischen Kontinent beeindrucken vor allem die Zahlen. 50.000 in den Vereinigten Staaten sowie rund 10.000 Darter in Kanada lassen Europa neidvoll über den großen Teich blicken. Weniger spektakulär, wenngleich erwähnenswert, sind die Aktivitäten in Brasilien und auf den Falkland Inseln.

Nach dieser kleinen Exkursion in die Ferne dürfte deutlich geworden sein, dass auch die übrige Konkurrenz nicht tatenlos nach Großbritannien schaut. Um der Weltspitze ein kleines Stück näher zu rücken, bedarf es einer großen Menge Geduld und Übung. Auf seinem Weg nach oben wird das bundesdeutsche Auswahlteam noch viele Niederlagen einstecken müssen, aber ich bin fest davon überzeugt, dass der bevorstehende Weg eines Tages auch zu sichtbaren Erfolgen führen wird.

XIII. Darts in Deutschland

Zu dem Ruf des Deutschen gehört, dass er gern Bier trinkt und zudem ein richtiger „Vereinsmeier“ ist. Diese beiden Eigenschaften haben es dem Dartsport leicht gemacht, sich auch hierzulande zu etablieren. Kneipen (in Deutschland gibt es davon ja genug) waren seit jeher die Heimat dieses Spiels, und so stand einer „deutschen Dartrevolution“ nichts mehr im Weg. Die Hauptaustragungsstätte „Kneipe“ bestimmt gleichsam auch einen positiven Wesenszug der Dartspieler. Wer dort hingeht, ist nicht gern allein. Freunde dieser Sportart sind zumeist gesellige und umgängliche Menschen, was dem Dartspiel wiederum die Atmosphäre des ungezwungenen und freundschaftlichen Beisammenseins gibt, auch wenn ein Match noch so wichtig und nervenaufreibend sein kann. Fairness ist Trumpf, und Fouls sowie böse Worte gibt es eigentlich gar nicht.

All dies mögen Gründe dafür sein, dass das traditionelle englische Pfeilwurfspiel auch bei uns einen so triumphalen Einzug halten konnte. Selbstverständlich trugen hierzu auch Berichte aus dem Ausland bei, die doch dann und wann einmal durchsickerten. Nicht vergessen darf man natürlich auch die vielen britischen und amerikanischen Soldaten, welche, hier stationiert, das Dartspiel sozusagen nach „Old Germany“ exportierten. Dennoch muss man mit leichter Verwunderung feststellen, dass es recht lange gedauert hat, bis man auch hierzulande auf den Geschmack kam – war der Dartsport in Großbritannien doch schon in den 30er Jahren in aller Munde.

Bei uns begann der eigentliche Boom erst Mitte der 70er Jahre. Das erste große Dartereignis war die 1. Internationale Deutsche Einzeldartmeisterschaft, die 1978 in Frankfurt veranstaltet wurde. Inzwischen ist dieses Turnier zu einer sich jährlich wiederholenden Tradition geworden, und die Veranstalter blicken optimistisch in die Zukunft. Waren es am Anfang nur wenige Enthusiasten, die sich für den Dartsport interessierten, so schätzt man die Zahl der Vereine und Clubs derzeit auf etwa 850.

Im Gegensatz zu Großbritannien und den Vereinigten Staaten gibt es in der Bundesrepublik noch keine professionellen Dartspieler, aber beim derzeitigen Wachstum von Masse und Klasse, dürfte auch dies nur eine Frage der Zeit sein.

Mit der derzeitigen Leistung der Spieler kann man bereits zufrieden sein, wenn man bedenkt, dass der Dartsport bei uns noch in den Kinderschuhen steckt. Dass der internationale Vergleich noch nicht so recht gelingen will, ist deshalb auch kein Grund zur Beunruhigung.

Vor verfrühtem Optimismus sei jedoch gewarnt. Bis Deutschland eine Nation guter Dartspieler ist, vergehen noch mindestens zehn Jahre, und selbst dies ist eine Prognose, für die ich meine Hand nicht ins Feuer legen möchte.

Der Deutsche Dartverband (DDV)

Dass sich Darts in der Bundesrepublik langsam aber sicher zu einem Leistungssport entwickelt, ist nicht zuletzt Verdienst des Deutschen Dart Verbandes (DDV), dessen zunächst inoffizielle Gründung 1981 im Anschluss an die 2. Deutsche Dartdoppelmeisterschaft in Bremen beschlossen wurde. Im Jahr 1982 wurde der DDV in das Vereinsregister eingetragen und entwickelte sich zum Dachverband des Deutschen Dartsports. Im November 1982 erfolgte der Anschluss an die World Dart Federation (WDF), den Dachverband aller nationalen Dartverbände. Mit diesem Schritt fand man nun endlich auch internationale Anerkennung. Ziel des DDV ist in erster Linie eine kontrollierte und organisierte Steuerung des Sports. Dies schließt die Durchführung der Deutschen Meisterschaften sowie die Nominierung der für Deutschland spielenden Darter bei den der WDF unterstehenden Veranstaltungen (Europe Cup, World Cup usw.) ebenfalls ein.

Rund 11.000 Spieler gehören derzeit dem DDV an. Um Mitglied zu werden, wird ein jährlicher Obulus in Höhe von 10 € pro Vereinsmitglied entrichtet.

Vorteile einer Mitgliedschaft im DDV sind:

Ständige Zusendung von Informationen über alles Wissenswerte.

Die mögliche Nominierung für internationale Veranstaltungen sowie die Aufnahme in die deutsche Rangliste, auf die ich im folgenden noch zu sprechen kommen werde.

Die bisherigen Präsidenten des DDV waren:

1981 - 1982	Peter Hummel
1982 - 1984	Rolf Kahrau
1984 - 1986	Bernd Hebecker
1988	Michael Haeser
1988 - 1990	Dieter Sentrup
1990 - 1994	Bernd Dietz
1994 - 1995	Werner Proske
1995 - 1996	Günther Unger
1996 - 2002	Bernd Dietz
2002 - 2004	Peter Saager
2004 - 2006	Elke Unterberg
2006 - 2010	Stephan Mischke
2011	Kai Pfeiffer
Seit 2012	Raimund Wilking

Die aktuelle Anschrift des DDV lautet:

Deutscher Dart-Verband e.V.

Wilhelmstraße 36

67655 Kaiserslautern

Die Internetpräsenz des DDV findet man unter:

www.deutscherdartverband.de

Die deutsche Punktrangliste

Gab es zunächst lediglich ein deutsches Auswahlteam, so existierte schon bald eine „Deutsche Dart-Nationalmannschaft". Initiator dieser Maßnahme war eine holländische Dartproduktfirma, die, bedingt durch ihre Aktivitäten auf dem Gebiet der Organisation der deutschen Dartszene, ins Kreuzfeuer heftigster Kritik geriet. Das System zur Ermittlung der bei Ländervergleichen oder Wettbewerben mit begrenzter Teilnehmerzahl für Deutschland an den Start gehenden Spieler gab es jedoch schon länger als die „echte" Nationalmannschaft.

Zu Beginn des Jahres 1983 wurde eine Rangliste eingeführt, die auf einer simplen Punkteverteilung basierte. Diese Punkte wurden bei neun Veranstaltungen vergeben.

Im Oktober 1983 entsandte der DDV anhand des neuen Punktsystems erstmals eine Spielerauswahl zum Dart World Cup nach Edinburgh, wo man sich recht achtbar schlug, ohne jedoch besonders zu glänzen.

Inzwischen werden diese Punkte in jeder Saison bei zehn DDV-Ranglistenturnieren einschließlich der German Masters vergeben. Die entsprechenden Austragungsorte werden jährlich neu ausgeschrieben.

Neben dem DDV-Cup, der den Rang einer offiziellen Mannschaftsmeisterschaft hat, nehmen auch die German Masters als Einladungsturnier, zu dem sich die Teilnehmer über die einzelnen Landesverbände qualifizieren müssen, eine gewisse Sonderstellung ein.

Ranglistenwertungen erfolgen bei diesen Meisterschaften sowie den Ranglistenturnieren, wobei diese Großveranstaltungen separate Damenwettbewerbe sowie Wettbewerbe für die weibliche und männliche Jugend beinhalten.

XIV. Die Spieler

Mit Absicht habe ich dieses Kapitel nicht mit der Überschrift „Die Profis“, „Die Stars“ oder „Die Elite“ versehen. Dies soll das Ansehen der Spieler unseres Landes keineswegs schmälern, aber dennoch muss der leistungsbezogene Abstand zwischen den Profis aus Großbritannien und den USA und unseren besten Spielern gewahrt werden. Sie in einem Atemzug mit Profis oder Weltklassespielern wie Eric Bristow oder Phil Taylor zu nennen, wäre vermessen und unrealistisch. Dennoch sollen sie wegen ihrer Leistungen auf den folgenden Seiten namentlich erwähnt werden. Beginnen möchte ich mit einem kurz gehaltenen Überblick über einige international bekannte Profis und Weltklassespieler.

Großbritannien

Eric Bristow (Abb. 56)

Als langjährige „Nummer 1“ der Weltrangliste etablierte sich Eric Bristow zu einem lebenden Denkmal des Dartsports. Zu seinen charakteristischen Merkmalen gehören sein unverfälschter Cockney Akzent (der typische Dialekt der Londoner Hafenarbeiter) sowie das breite Abspreizen des kleinen Fingers seiner Wurfhand. Bristow, der einer der bestbezahlten Sportler der Welt war, hat bei manchen Briten den Ruf, eine gewisse Arroganz und Unnahbarkeit an den Tag zu legen, was ihn nicht gerade zu den beliebtesten Persönlichkeiten der internationalen Dartszene machte. Sein sportliches Können hingegen fand einstimmigen Beifall und größte Bewunderung. Mit 18 Jahren bestritt er sein erstes Spiel im Dress der englischen Mannschaft. Seine Erfolge würden viele Seiten beanspruchen, weshalb ich mich auf die wichtigsten beschränken möchte. Zu diesen gehören unter anderem folgende Titelgewinne:

- Winmau World Masters (1977, 79, 81, 83, 84)
- Embassy World Professional (1980, 81, 84, 85, 86)
- MFI World Match Play (1985, 88)
- MFI World Match Play Pairs (1987)
- British Professional Unipart (1982, 85)
- British Open (1978, 81, 86)
- World Cup Singles (1983, 85, 87)
- News of the World Cup (1983, 84)
- Die Auszeichnung „Player of the Year“ erhielt Brsitow 1988

Abb. 56 E. Bristow

Bristow wurde 1989 von der englischen Königin zum „Member of the Order of the British Empire“ ernannt. Heute tritt er nur noch gelegentlich bei Show-Veranstaltungen oder in der „League of Legends“ auf. Er gilt als Entdecker und Förderer von Phil Taylor.

John Lowe (Abb. 57)

John Lowe (Jahrg. 1944) ist wohl das Musterbeispiel eines waschechten Dartprofis. Der Superstar der internationalen Dartbühne lebt sozusagen aus dem Koffer. Für seinen eigenen Dartshop in Chesterfield hat der sich in England großer Beliebtheit erfreuende Lowe nur wenig Zeit, und wenn er nicht gerade in einem großen Wettkampf mitmischt, so reist er zumeist zu so genannten „Exhibitions“ (gut bezahlten Präsentationen seines sportlichen Könnens), die nur von den besser betuchten Vereinen der britischen Inseln finanziert werden können. 1983 gewann Lowe zum sechsten Mal das British Pentathlon, ein Turnier, das für die Spieler mit körperlichen und nervlichen Höchstbelastungen verbunden ist. Als Veteran unter den Dartprofis hat John Lowe inzwischen jedes größere Dartturnier mindestens einmal gewonnen. 1984 kassierte er die Rekordbörse von 102.000 Pfund für das „Kunststück“, als erster Spieler einen 501-Satz vor laufenden Fernsehkameras mit 9 Darts zu beenden. 1993 gewann er den Embassy World Professional Titel zum dritten Mal.

Von 1986 bis 1993 war Lowe ungeschlagener Kapitän der englischen Nationalmannschaft. Von 1978 bis 2004 qualifizierte er sich 27 Mal hintereinander für die Teilnahme an den Weltmeisterschaften, 2005 feierte er sein dreißigjähriges Jubiläum als Dartprofi.

Abb. 57 J. Lowe

Jocky Wilson

Der 1950 geborene schwergewichtige Schotte war sicherlich das „Enfant terrible" des Dartsports. Obwohl seine eigentliche Karriere erst Ende der 70er Jahre begann, verursachte Jocky mehr Wirbel als alle seine Konkurrenten während der letzten zwanzig Jahre. Showeinlagen vor, während und nach seinen Spielen brachten die Lacher schnell auf seine Seite, hingegen nicht die BDO. Die nämlich sperrte Wilson im August 1982 für drei Monate wegen unhaltbarer Beschuldigungen einer BDO-Offiziellen unter Verwendung obszöner Ausdrücke. Ein Jahr zuvor hatte dieselbe Organisation Jocky zur „Persönlichkeit des Jahres" gewählt. Nach seiner Sperre wurde es ein wenig ruhiger um ihn und auch das englische Publikum blieb in der Folge von seinen provozierenden Äußerungen und Gesten weitestgehend verschont. Jocky Wilson zog sich 1995 vollständig vom Dartsport zurück.
Am 24. März 2012 verstarb er im Alter von 62 Jahren in seiner schottischen Heimat Kirkcaldy.

Seine wichtigsten Erfolge:

- Embassy World Professional (1982, 89)
- MFI World Match Play (Pairs) (1988)
- British Professional Unipart (1981, 83, 86, 88)
- British Open (1982)
- Player of the Year (1981)

Abb. 58 C. Lazarenko (links) und J. Wilson

Cliff Lazarenko (Abb. 58)

Der am 16. März 1952 geborene, 1,93 m große „Big Cliff" Lazarenko hatte lange einen festen Platz im Nationalkader Englands. Bis 1993 gewann er 39 von 53 Einsätzen in seinem Team. Sieht man einmal von seinen Siegen im British Open (1977 und 80) ab, fielen sein Erfolge bei den zahlreichen Teilnahmen an internationalen Großereignissen bislang eher bescheiden aus.

Leighton Rees (Abb.51)

Mit dem 1940 geborenen Rees möchte ich nicht versäumen, auch einen Waliser namentlich zu erwähnen. Als langjähriger Spieler der walisischen Nationalmannschaft gelang ihm 1977 ein sensationeller Erfolg im Vierer-World Cup über England. Im selben Jahr erkämpfte er sich ebenfalls den World Cup (Einzel) Titel in Las Vegas sowie den

Gewinn der Word Professional Championship. 1979 gelangte der Butlin's Grand Masters Pokal in seine Trophäensammlung. Mit seinem Buch: **Leighton Rees on Darts**, veröffentlicht bei Casell Ltd., New York (1979), machte er sich auch als Autor einen Namen. Rees wurde 1982 zum Spieler des Jahres gewählt.

B. Andersen (Abb. 59)

Bob Andersen (geb. 7. November 1947): Bob Andersen gehört zu den Ausnahmespielern, die die internationale Dartbühne erst in relativ hohem Alter betraten. Der „Limestone Cowboy", der als Markenzeichen fransenbesetzte Westernhemden trägt, gewann 1988 die Embassy World Professional Championships. Eine schwere Rückenverletzung zwang Anderson zwischenzeitlich zu einer längeren Pause. Bob Anderson gehört zu den kompetentesten und beliebtesten Dartskommentatoren des britischen Fernsehens. 2008 verlies Anderson die PDC, um sich der „League of Legends" anzuschließen, einem Zusammenschluss berühmter Spieler, die in einer eigenen Liga ihren Champion ausspielt.

Deta Hedmann (geb. 14 November 1959): ist auf nahezu allen Damenwettbewerben in Europa und den Vereinigten Staaten anzutreffen. Nur selten kann sie sich nicht unter den vier besten Spielerinnen platzieren, und meistens ist ihr der Turniersieg nicht zu nehmen. Deta Hedmann wurde 1991 und 1995 von der British Darts Organisation die Auszeichnung „Personality of the Year" verliehen. Von 1992 bis 1995 belegte sie den ersten Platz in der Damen-Rangliste. Nach einer längeren Pause feierte sie 2002 ein Comeback in der PDC. Nach einer weiteren mehrjährigen Unterbrechung von 2002 bis 2008 kehrte sie erneut auf die große Dartbühne zurück, wo sie seitdem wieder für die englische Damen-Nationalmannschaft spielt.

Abb. 60 Deta Hedmann

Phil Taylor (geb. 13 August 1960): Der Engländer, der in der Dartszene auch unter seinem Spitznamen „The Power" bekannt ist, gilt als der beste und erfolgreichste Dartspieler aller Zeiten. Mit dem Gewinn seiner 15. Weltmeisterschaft im Jahr 2010 dürfte er bereits jetzt den Rekord für die Ewigkeit aufgestellt haben. Ein Kredit seines Förderers Eric Bristow ermöglichte es ihm, härter für seine Erfolge zu trainieren. Sein erster großer Erfolg war der Gewinn der Embassy World

Abb. 61 Phil Taylor

Professional Championships 1990. Nur ein Jahr später kletterte er auf den ersten Platz der Weltrangliste. Als Mitbegründer der Professional Darts Corporation (PDC) gewann er deren Weltmeisterschaft zwischen 1995 und 2002 acht Mal in Folge. Das Ausnahmetalent aus Stoke-on Trent erspielte 2009 eine Siegprämie von mehr als 1 Million britische Pfund.

Abb. 62 Dennis Priestley

Dennis Priestley (geb. 16.Juli 1950): Dennis Priestley sorgte für Aufsehen, als er 1991 bei seiner ersten Teilnahme die Embassy World Professional Championships gewann. Der bei vielen Kollegen als geradezu provozierend langsamer Spieler bekannte Priestley debütierte im Winter 1993 als Kapitän der englischen Nationalmannschaft. Im gleichen Jahr siegte er bei den British Open. Zwischen 1994 und 2000 verlor Priestley fünf Mal im Finale der PDC- Weltmeisterschaft gegen Phil Taylor.

Raymond van Barneveld (geb. 20.April 1967): Der in Den Haag geborene Niederländer gilt als der beste Nichtbrite im internationalen Dartzirkus. „Barney“ oder auch „The Man“, wie er in der Szene genannt wird, wurde zwischen 1998 und 2007 fünf Mal Weltmeister. Dabei war sein bislang einziger WM-Titel bei der PDC im Jahr 2007 sein wohl spektakulärster Erfolg. Mit 7:6 behielt er in einem an Dramatik nicht mehr zu überbietenden Finale die Oberhand gegen Phil Taylor. Der ehemalige Postbote gehört heute zu den am besten verdienenden Dartspielern der Welt.

Die besten Spieler Deutschlands

Wie ich bereits zu Beginn dieses Kapitels bemerkte, sind die Leistungen der bundesdeutschen Darter (noch) nicht mit denen der eigentlichen Topspieler vergleichbar, doch möchte ich im folgenden einige der vielen Erfolg versprechenden Talente vorstellen, denen in Zukunft vielleicht auch Siege auf der internationalen Dartbühne zuzutrauen sind. Auch hier muss ich mich leider wieder auf einige wenige der Besten beschränken.

Andreas Kröckel

Der am 07.12.1965 in Essen geborene Kröckel ist mit über 50 Nominierungen der Rekordnationalspieler des deutschen Dartteams. Bis 2010 hatte er bereits 26 deutsche Meistertitel in den unterschiedlichen Wettbewerben gewonnen. 1996 war er der zweite Deutsche (nach dem Bremer Bernd Hebecker), der an einer Dartweltmeisterschaft teilnehmen durfte. Zudem ist Kröckel der erste Gewinner eines WDF-Ranglistenturniers.

Andree Welge

Andree Welge (geb.06.05.1972) gilt als weiteres Aushängeschild des DDV. Der Bremer, der 2001 im Finale der Dutch Open erst an Raymond van Barneveld scheiterte, nahm 2006 und 2010 an der PDC-Weltmeisterschaft teil, wobei er jedoch beide Male in der ersten Runde scheiterte. Siege im Spring Cup (2008), im German Gold Cup (1999) und in der Two-Person-Meisterschaft (2004) sind nur bescheidene Auszüge aus der Erfolgschronik des zweifachen Deutschen Einzelmeisters (2002 und 2008). Welges beachtlichster internationaler Erfolg ist wohl der erste Platz im Doppel bei den Dutch Open im Jahr 2004. Bei diesem Turnier ließ er mehr als 1200 Teams hinter sich.

Colin Rice (siehe Abb. 25)

Colin Rice wurde am 7.7.1955 in Romford/Essex geboren. Der mit seiner deutschen Frau und zwei Kindern in Mühlheim/Ruhr lebende Engländer vertrat die Bundesrepublik schon häufig im internationalen Wettbewerb. Zu seinen größten Erfolgen zählen die Gewinne der Internationalen Deutschen Einzelmeisterschaften und der Deutschen Doppelmeisterschaft. Im siegreichen Team der Deutschen Vierermeisterschaft stand er mehrmals. Zweimal (1986 und 1998) gewann er den German Gold Cup. International erwähnenswert sind sein 2. Platz beim Malta Open (2007) sowie sein 5. Rang beim World Cup in Australien, wo er dem Weltstar Raymond van Barneveld mit 2:4 unterlag.

Heike Jenkins (ehem. Ernst)

Die 1962 geborene Bochumerin ist unbestritten das internationale Aushängeschild des DDV. Die Verwaltungsangestellte, die 1983 ihre Liebe zum Dartsport entdeckte, war von 1988 bis 1997 die unangefochtene Nummer 1 der deutschen Damen-Rangliste. 1992 belegte sie erstmals Platz 3 in der Weltrangliste. Wie souverän sie ihre Konkurrenz hierzulande beherrscht, belegen ihre nationalen Erfolge eindrucksvoll. Auch international hat Heike Jenkins bei nahezu allen namhaften europäischen Turnieren schon einmal geglänzt. Nach dem Gewinn des Europameistertitels (1992) gehören erste Plätze beim Belgium Open (1991) sowie beim Danish Open (1992) zu ihren größten Erfolgen. Neben ihrer Zweitplatzierung bei den Open-Turnieren in Belgien (1988), Schweden (1991) und Deutschland (1992) gewann sie im Damendoppel das Swiss Open (1988), das Sweden Open (1988 und 1992), das Malta Open (1990) sowie das Scandinavian Open (1992). Von 1989 bis 2006 nahm Jenkins 17 Mal in Folge an den World Masters teil.

Abb. 63 Heike Jenkins (rechts) mit Francis Hoenselaar

XV. Die Deutschen Meisterschaften

In der Bundesrepublik werden derzeit folgende Deutsche Meisterschaften veranstaltet:

1. German Masters
2. Deutsche Einzelmeisterschaft
3. Deutsche Two-Person- Meisterschaft
4. Deutsche Mannschaftsmeisterschaft 8er Team (jetzt: Dart Bundesliga)
5. Deutsche Doppel Meisterschaft
6. Deutsche Mixed Meisterschaft (inoffizieller Wettbewerb)
7. Deutsche Mixed Triple Meisterschaft (nur sporadisch)

Das German Masters

Das German Masters ist ein hochklassiges Turnier, dessen Teilnehmer aufgrund herausragender Leistungen von den einzelnen Landesverbänden nominiert werden. werden. Neben den „Dortmund Open" ist das „German Masters" ein Weltranglistenturnier.

Die Sieger des German Masters:

	Damen	Herren
1991	**Heike Jenkins**	**Andree Welge**
1992	**Heike Jenkins**	**Kai Pfeiffer**
1993	**Heike Jenkins**	**Andreas Kröckel**
1994	**Gabi Kosuch**	**Andreas Kröckel**
1995	**Heike Jenkins**	**Jürgen Nau**
1996	**Heike Jenkins**	**Frank Mast**
1997	**Elke Klein**	**Marcel Schmidt**
1998	**Heike Jenkins**	**Michael Rosenauer**
1999	**Heike Jenkins**	**Thomas Wille**
2000	**Anke Kirchermeier**	**Michael Rosenauer**
2001	**Heike Jenkins**	**Colin Rice**
2002	**Heike Jenkins**	**Thomas Wille**
2003	**Kerstin Niederau**	**Thomas Seyler**
2004	**Nermin Wilke**	**Jyhan Artut**
2005	**Marene Westermann**	**Andree Welge**
2006	**Heike Jenkins**	**Andree Welge**
2007	**Bianka Strauch**	**Andreas Kröckel**
2008	**Bianka Strauch**	**Andree Welge**
2009	**Heike Jenkins**	**Rainer Umlauf**

2010	**Heike Jenkins**	**Kevin Münch**
2011	**Irina Armstrong**	**Olaf Tupuschis**
2012	**Irina Armstrong**	**Jyhan Artut**
2013	**Irina Armstrong**	**Maik Langendorf**

Die Deutsche Einzelmeisterschaft

1982 war das Geburtsjahr der Nationalen Deutschen Einzelmeisterschaft. Die Teilnehmerzahlen, die bei der Nationalen Deutschen Einzelmeisterschaft bisher registriert wurden, liegen im Durchschnitt knapp bei über 300 und somit deutlich unter dem Schnitt internationaler Veranstaltungen. Mit dem Popularitätszuwachs unseres Sports wächst diese noch nicht voll befriedigende Resonanz jedoch sicherlich im Laufe der nächsten Jahre.

Es siegten:

1983	**Bernd Hebecker**
1984	**Rolf Kahrau**
1985	**Dieter Sentrup**
1986	**Wolfgang Nolte**
1987	**Dieter Schutsch**
1988	**Rainer Halfmann**
1989	**Andreas Kröckel**
1990	**Bert Hansen**
1991	**Kai Pfeifer**
1992	**Bernhard Willert**
1993	**Frank Mast**
1994	**Colin Rice**
1995	**Colin Rice**
1996	**Olaf Cremer**
1997	**Olaf Tupuschis**
1998	**Marcel Schmidt**
1999	**Thomas Wille**
2000	**Ulrich M.-Schlüter**
2001	**Tomas Seyler**
2002	**Andree Welge**
2003	**Tomas Seyler**
2004	**Tomas Seyler**
2005	**Andreas Kröckel**

2006 **Michael Rosenauer**
2007 **Colin Rice**
2008 **Andree Welge**
2009 **Karsten Koch**
2010 **Kevin Münch**
2011 **Klaus Rohlederer**
2012 **Marco Puls**
2013 **Kevin Münch**

Das Two Persons Team

Die deutsche Doppelmeisterschaft wurde 1979 aus der Taufe gehoben.

Es siegten:

1980 **T. Schlenderlein/M. Hegmann**
1981 **T. Wilcox/S. Keogh**
1982/83 **C. Rice/P. Reed**
1984 **Bromilow/M. Reek**
1985 **C. Rice/B. Hebecker**
1986 **C. Griffin/L. Burke**
1987 **D. Schutsch/L. Burke**
1988 **A. Burke/D. Sentrup**
1989 **A. Burke/B. Hansen**
1992 **D. Schutsch/K. Pfeifer**
1993 **D. Schutsch/B. Hebecker**
1994 **A. Schendel/U. Meyer-Schlüter**
1995 **C. Rice/V. Backes**
1996 **C.Rice/V. Backes**
1997 **Baumdick/Preuß**
1998 **Kröckel/Welge**
1999 **Geogiadis/Nett**
2000 **Seyler/Welge**
2001 **Meyer-Schlüter/Artut**
2002 **Seyler /Welge**
2003 **Seyler /Welge**
2004 **Seyler /Welge**
2005 **Kröckel/Rice**
2006 **Hawlitzky/Schneider**

2007 **Hawlitzky/Schneider**
2008 **Koch/Puls**
2009 **Treczka/Werner**
2010 **Kröckel/Münch**
2011 **Kröckel/Münch**
2012 **Bekir/Göbel**
2013 **Seifert/Rohlederer**

Die Deutsche Meisterschaft der Damen

Im Mai 1983 wurde erstmals die Deutsche Dameneinzelmeisterschaft veranstaltet. Die Siegerinnen waren:

1983 **Bianca Schmidt**
1984 **Birgit Pleines**
1985 **Sabine Eggerer**
1986 **Esa Worms**
1987 **Gabi Kosuch**
1988 **Gabi Kosuch**
1989 **Andrea Leipold**
1990 **Marion Diehn**
1991 **Heike Jenkins**
1992 **Heike Jenkins**
1993 **Heike Jenkins**
1994 **Gabi Kosuch**
1995 **Heike Jenkins**
1996 **Bianca Strauch**
1997 **Heike Jenkins**
1998 **Kerstin Niederau**
1999 **Heike Jenkins**
2000 **Heike Jenkins**
2001 **Bianca Strauch**
2002 **Beatrix Kröckel**
2003 **Heike Jenkins**
2004 **Heike Jenkins**
2005 **Heike Jenkins**
2006 **Marene Westermann**
2007 **Bianca Strauch**
2008 **Monique Lessmeister**

2009 **Karina Känzig**
2010 **Stefanie Lück**
2011 **Irina Armstrong**
2012 **Irina Armstrong**
2013 **Anne Willkomm**

Die Deutsche Meisterschaft im Damendoppel

Die Gewinnerinnen der Deutschen Meisterschaft im Damendoppel sind:

1988/89 **Kosuch/Ptock**
1989/90 **Diehn/Rapp**
1990/91 **Sobiech/Thornhill**
1991/92 **B. Schmidt/Worms**
1992/93 **Ernst/Kamm**
1993/94 **Ernst/Westfal**
1994/95 **Hüppler/Hüppler**
1995/96 **Ernst/Leipold**
1996/97 **Ernst/Strauch**
1997/98 **Ernst/Strauch**
1998/99 **Ernst/Strauch**
1999/2000 **Ernst/Strauch**
2000/01 **Ehlen/Goebel**
2001/02 **Ernst/Strauch**
2002/03 **Ernst/Strauch**
2003/04 **Ernst/Strauch**
2004/05 **Ernst/Strauch**
2005/06 **Csepeli/Strauch**
2006/07 **Göbel/Kröckel**
2007/08 **Oelke/Sossong**
2008/09 **Hartmann/Strauch**
2009/10 **Lester/Lück**
2010/11 **Jenkins/Armstrong**
2011/12 **Wiegmann/Goebel**
2012/13 **Vonscheidt/Reuß**

Die Dart-Bundesliga

(ehemals Deutsche Mannschaftsmeisterschaft)

1982 wurde die Deutsche Mannschaftsmeisterschaft für Achterteams ins Leben gerufen. 2004 wurde dieser Wettbewerb durch die damals neu gegründete Dart-Bundesliga ersetzt, deren Spiele in einer Süd- und in einer Nordstaffel stattfinden. Die vier besten Teams spielen am Ende der Saison den Meister aus.

Die bisherigen Titelträger heißen:

2004 **DIG Neu-Isenburg**
2005 **1.DSC Bochum**
2006 **DC Vegesack-Bremen**
2007 **1.DSC Bochum**
2008 **Vikings DC Berlin**
2009 **DC Vegesack-Bremen**
2010 **DC Vegesack-Bremen**
2011 **DC Vegesack-Bremen**
2012 **DC Vegesack-Bremen**
2013 **Dartspub Walldorf**

XVI. Bemerkungen zur Fachliteratur

1986 erschien mein zweites Buch zum Thema Darts im Verlag Weinmann, Berlin. Es trägt den Titel **„60 Spiele auf dem London Board“**, und beinhaltet eine umfangreiche Sammlung verschiedener Pub- und Turnierspiele.

1996 erschien im selben Verlag das Buch **„Electronic Dart“** von N.O. Gans.

Drei Jahre lang konnte sich das deutsche „Darts Journal“ als Fachzeitschrift behaupten, bevor „Bulleye“, die Verbandszeitschrift des DDV, auf den Markt kam, jedoch nach wenigen Ausgaben aufgrund organisatorischer Schwierigkeiten von der Bildfläche verschwand.

Mit dem Heftchen „Game Shot“ sorgte der DDV jedoch bald wieder dafür, dass seine Mitglieder mit den notwendigen Informationen versorgt wurden, diesmal sogar kostenlos. „Game Shot“ lieferte Neuigkeiten von hohem statistischen Wert wie Tabellen und Terminpläne. Nachdem auch dieses Heft nach kurzer Zeit wieder vom Markt verschwand, erschien Anfang 1988 „Dart Report“. Von 1990 bis 1996 gab es das deutschsprachige Fachjournal DART ECHO als offizielles Organ des Deutschen Dart Verbandes. Es wurde 1996 von der Deutschen Dartsport Zeitung abgelöst. Die Redaktionsanschrift lautet:

ddz
Volker Hatlauf
Heidekamp 282
45886 Gelsenkirchen

Auf dem englischsprachigen Büchermarkt gibt es natürlich weitaus mehr Fachliteratur. Auch hierzulande bereits von vielen abboniert, ist die monatlich erscheinende englischsprachige Zeitschrift **„Dart‘s World“**, World Magazins L. t. d. Croydon (GB), eine aktuelle Informationsquelle, die in Bezug auf Qualität und Quantität ihresgleichen sucht.

Darin wird dem Leser eine ideale Mischung aus Unterhaltung, Information, Turnierankündigungen, Interviews und vielem mehr geboten.

Als nächstes möchte ich einige Bücher vorstellen, die von englischen und amerikanischen Verlagen zu beziehen sind.

Zweifellos eines der besten Bücher, die jemals zum Thema Darts geschrieben wurden, ist „**Darts – The Complete Book of the Game**" von Keith Turner, North Pomfret (VT) USA 1980. Hierbei handelt es sich um ein Werk, das für jeden Dartfreund, der der englischen Sprache mächtig ist, ein unbedingtes Muss sein sollte. Auf 143 Seiten geht Turner mit großer Genauigkeit und hervorragend fundiertem Wissen auf Themen ein wie zum Beispiel: die Geschichte des Spiels, Darts in aller Welt, Reglement, Tipps zum Spiel usw.. Zusätzlich enthält dieses Buch wertvolle Kommentare des Dart Profis und Weltranglistenspielers Tony Brown.

Ebenfalls von hohem Wert ist **„John Lowe on Darts"**, London 1980, ein Buch, in welchem der englische Nationalspieler neben Anleitungen und spieltechnischen Hinweisen auch einiges Wissenswerte aus dem Alltag eines Profis preisgibt.

Als gut, wenngleich nicht überragend, möchte ich das Heft **„Darts"** – aus der Serie **„Know the Game"** Wakefield (GB) 1978, bezeichnen. Neben gut ausgewertetem Sachwissen erscheinen einige Hinweise des Autors Derek Brown recht subjektiv und zu stark von persönlichen Eindrücken gefärbt.

Überhebliche und zynische Bemerkungen (z.B. zur Spielweise und Stärke weiblicher Darter) wirken stellenweise deplaziert und haltlos. Dennoch ist der informative Charakter des Werkes nicht zu bestreiten. Äußerst interessant, wenngleich sehr kurz gehalten, ist ein Kapitel, welches Brown dem Aufbau und der Organisation größerer Wettbewerbe widmet und in welchem er ebenfalls auf die Funktion der daran beteiligten Organe eingeht. Dies ist zweifellos ein Thema, dem generell zu wenig Beachtung geschenkt wird.

„Fifty Ways to Play the Game" von Jabez Gotobed, Cambridge 1980, ist, wie der Titel schon ahnen lässt, ein Büchlein, das dem Leser nahe bringt, wie vielseitig das Dartspiel sein kann. Fünfzig verschiedene Spielvarianten werden erklärt und sorgen für Abwechselung am Board.

Leider sind die Erklärungen stellenweise recht knapp und dadurch nur schwer oder gar nicht verständlich. Manche Spiele dürften für deutsche Dartfreunde böhmische Dörfer sein, sofern sie nicht mit den Regeln des Cricket, Speedway, Golf oder Billard vertraut sind.

„The Guiness Book of Darts“, Enfield (GB) 1981, ist ein Meisterwerk englischer Sportliteratur und gehört einfach in den Bücherschrank eines jeden Dartfreundes.
Ganz anders als das nicht ganz überzeugende „Darts- Know the Game“ hat Autor Derek Brown dieses faszinierende Buch aufgebaut, welches durch Umfang, Thematik und Fotos brilliert. Letztere sind einmalige Zeugnisse unvergessener Dartgeschichte (z.B. der 1949 mit Nägeln werfende Joe Hitchcock, die Dart spielende Königin Elisabeth I., der Siegessprung des Eric Bristow u.s.w.).

Abb. 64 Siegerehrung des Deutschen Meisters Colin Rice

Die Spielregeln, ein Blick auf die internationale Dartszene (leider mit Ausnahme der deutschen), Beschreibungen der weltgrößten Turniere sowie Namen, Daten und Rekorde sind nur ein bescheidener Teil dessen, was dieses Buch zu bieten hat. Diese einmalige Detailsammlung gibt einen unvergleichlichen Überblick und fängt dort an, wo andere Bücher aufhören.

„The Little Red Darts Book“, London, 1978, ist alles andere als ein informatives Lehr- und Fachbuch. Dennoch ist dieses humoristisch aufgemachte Büchlein von Gyles Brandreth zu empfehlen. Cartoons und nicht ganz ernst gemeinte Ratschläge lassen auch verbissene Möchtegernprofis einmal über ihren Sport oder vielleicht sogar über sich selbst lachen. Ein Horoskop für Dartspieler und Tipps von A-Z, wie man seinen Gegner - mit nicht immer sauberen Mitteln (marmeladebeschmierte Flights oder K.O.-Tropfen im Bier) auf die Verliererstraße bringt, sind nur ein Teil der originellen Einfälle des Autors.

Aus den USA stammt das von David Prokop verfasste Werk **„The Dart Book“**, Mountain View (CA) USA, 1978.
Interessant ist es schon deshalb, weil das Geschehen hier einmal hauptsächlich aus amerikanischer Sicht betrachtet wird. Mehr als ein Dutzend verschiedener Autoren äußern sich in diesem Buch in aufsatzähnlichen Abhandlungen zu oft wenig beachteten Themen wie „Frauen und Darts“, „Eine physiologische Analyse“ oder „Bewältigung der gemütsbedingten Aspekte“.

Die folgenden, im einzelnen nicht näher beschriebenen Bücher, sind ebenso empfehlenswert wie die bereits genannten. Sie alle können über deutsche Buchhandlungen aus dem Ausland angefordert werden.

Georg Hakim, **The Darts Player‘s Handbook**,
New York 1977

Dave Lanning, **Leighton Rees on Darts**, London 1979

Sid Waddell, **The BBC Book of World Darts**, London 1979

Dave Whitcombe, **How to Play Darts**, London 1981

Jocky Wison, **Jocky**, London 1982

Peter Bills, **Sportsviewers Guide**, London 1983

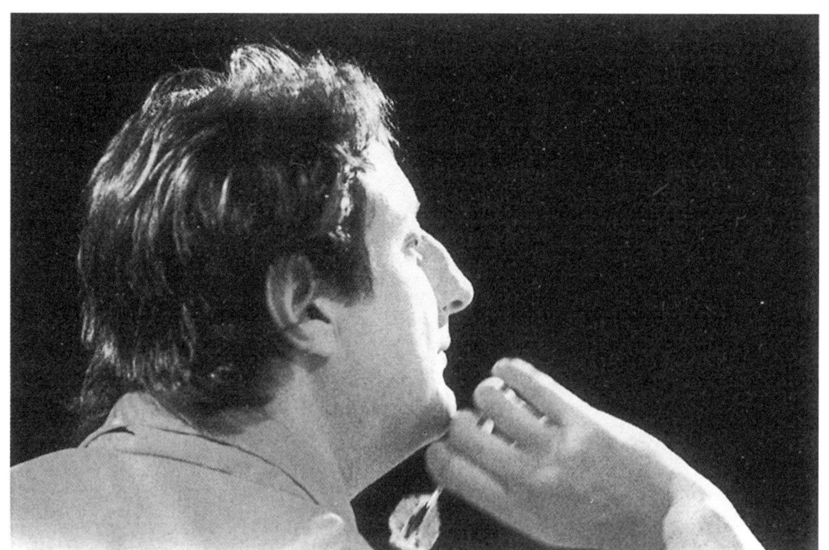

Abb. 65 Eric Bristow

Abb. 66 Jocky Wilson

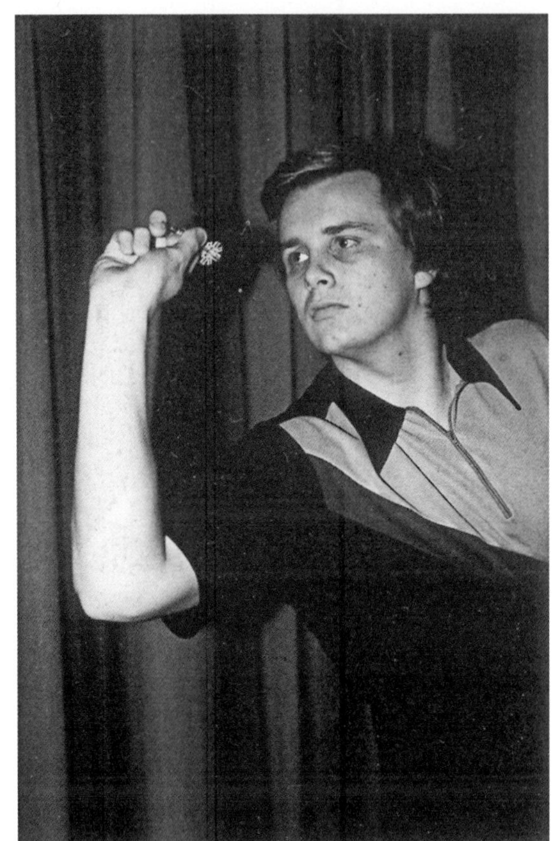

Abb. 67
Keith Deller beim Wurf

Für die wertvolle Hilfe bei der Fertigstellung dieses Buches möchte ich mich bei folgenden Personen ganz besonders bedanken:

Dave Aldermann (BDO):	Übersetzungs- und Veröffentlichungsrechte der original BDO-Spielregeln
Renate Franz:	Fotoarbeiten in Köln
Johannes Heckmann:	Fototechnische Hinweise und Entwicklung
Rolf Kahrau (DDV):	Informationen über den DDV
Matthias Vogel:	Fotoarbeiten in Kopenhagen und Bonn
Robert Ryan:	Copyright zur fotografischen Wiedergabe aus den Trulon- und Nodorproduktkatalogen
bei	Carsten Arlt, Thomas Schroer und Volker Hatlauf

sowie: Eric Bristow, Keith Deller, John Lowe, Cliff Lazarenko, Jocky Wilson, Leighton Rees, Allan Evans, Maureen Flowers und vielen anderen, die sich geduldig für Fotoaufnahmen zur Verfügung stellten.

Dieses Buch habe ich meiner Frau Susie gewidmet.

Notizen:

Ausführliche Informationen finden Sie auch im Internet: **www.weinmann-verlag.de**

Wir senden Ihnen gern unser ausführliches bebildertes Verlagsverzeichnis!
Schreiben Sie uns oder rufen Sie an:

VERLAG WEINMANN

Beckerstraße 7 • 12157 Berlin • Tel. 030 / 855 48 95 • Fax 030 / 855 94 64